VIRKKURI

Molla Mills

모던
시크
코바늘
손뜨개

세련되고 실용적인 코바늘 손뜨개 소품

몰라 밀스 지음 | 서나연 옮김 | 박진선 감수

WILLSTYLE

CONTENTS

3 액세서리

4 모눈뜨기

5 마무리 기법

푹 빠져버리다!

나는 어머니께, 어머니는 할머니께 수공예를 배웠다. 내가 초등학생일 때, 난생처음 손으로 무언가를 만들었다. 그 첫 작품은 여러 가지 재활용품을 바느질해 만든 것이었다. 그때는 코바늘을 손으로 쥐기도 버거울 만큼 어렸다. 고등학교 때는 실력이 늘어 뜨개질과 가죽 공예까지 섭렵했고, 3년 동안 양재 기술을 공부하면서 원단 염색과 코바늘 뜨개를 배웠다. 그리고 재봉을 배운 경험 덕분에 제품 디자인 학교에 진학했으며, 얼마 후에 패션 디자인으로 분야를 옮기게 되었다. 결국 나는 시각마케팅 전공으로 학업을 마치고, 2008년에 다양한 액세서리를 소량으로 만들어 판매하는 사업을 시작하였다. 당시 가장 잘 팔린 제품은 코바늘로 떠서 만든 냄비받침만 한 크기의 베레모였다.

석사 과정을 공부하던 무렵, 나는 코바늘 뜨개에 심취하게 되었다. 지루한 강의 시간에 졸지 않으려고 실을 몇 킬로그램씩 가져가서 뜨개질을 했다. 그러다 보니 굵은 래그 안으로 바구니 수백 개를 떠서 팔기도 하였다. 내가 래그 코드로 뜬 꽃병 세트는 긴 여행을 다녀온 적도 있다. 베를린 DMY 전시회에 초청되었다가, 다시 한국의 청주시에서 열린 패션 비엔날레에 전시된 뒤에 헬싱키로 돌아오는 여정이었다. 내 작품들은 여러 신문과 블로그에서, 심지어 저 멀리 호주에서까지 소개되고 있다. 그중에서도 바구니는 핀란드 인테리어 잡지에 매달 실리고 있다.

수공예 덕분에 이 정도로 성공할 수 있었으니 기쁘기도 하지만, 내가 그보다 더 중요하게 여기는 것은 바로 수공예를 통해 얻게 되는 도전 정신이다. 지금까지 경험한 일 중 가장 큰 도전은 독일의 라이프치히에서 운영하는 코바늘 뜨개 워크숍에서 겪었다. 내가 아는 독일어라고는 단 세 마디가 전부였다. 하지만 수공예는 언어의 장벽에 가로막히지 않는다. 우리는 나란히 앉아서 한 코 한 코 뜨개질을 해나갔다. 워크숍에서 전 세계 사람들과 만날 수 있었던 나는 수공예가 생각보다 훨씬 더 사회적인 활동이라는 사실을 깨달았다. 그리고 워크숍을 운영한 경험 덕분에 이 책을 만드는 데 필요한 아이디어와 그것을 이해하기 쉽게 설명하는 방법을 배울 수 있었다.

코바늘 뜨개 전문가 몰라 밀스(1979년생)는
핀란드 남포흐얀바 출신으로
수공예의 달인이다.

뜨개 체인. 137

전선 커버. 131

세 가지 쿠션. 84

알사탕 쿠션. 79

래그 안 바구니. 61

롱샴 스타일 가방. 156

대각선 줄무늬 가방. 162

육각형 러그. 110

전등갓. 120

지그재그 원통형 가방. 176

누드 체인. 192

삼각 무늬 쿠션. 90

래그 얀 바구니. 48

삼각 무늬 바구니. 75

레이스 러그. 108

삼각 무늬 이브닝 백. 168

태블릿 케이스. 148

내 손으로 직접

뜨개질 중독은 보이지 않게 시작된다. 나도 모르게 발길이 편물점으로 향하다가, 거기서 산 실타래로 바구니가 가득 차고 새 코바늘도 한두 개씩 골라잡게 된다. 그리고 가방에 실을 한 뭉치 넣고 다니다가 언제 어디서든 기회만 생기면 몰래 뜨개질을 한다. 손가락에는 굳은살이 박이고, 실에서 나온 먼지를 마시다 보니 늘 코가 근질거리며 어깨는 굽어 간다. 그럼에도 뜨개질은 유익한 일이다. 평범한 일상을 잠시 멈추고 손을 놀려 작품을 뜨는 동안, 마음은 어디론가 여행을 떠나고 머리도 재충전을 한다. 뜨개질에는 전염성이 있어서 뜨개질에 빠진 내 모습을 지켜보던 친구들이 어느새 뜨개질 중독 증상을 보이게 될지도 모른다.

2년 전, 가게에서 래그 얀으로 바구니를 뜨고 있던 때였다. 일본인 한 쌍이 나타나더니 쇼윈도 앞에 섰다. 그리고 가게 안으로 들어와 바구니들을 만지작거리고는 내 작품을 삼난스럽게 바라보았다. 얼마 지나지 않아 나는 바구니가 가득 든 큰 상자를 일본으로 보내게 되었다. 나가노에서 열리는 디자인 마켓에서 판매될 작품이었다. 버스나 대합실, 공원, 강의실과 같은 개방된 장소에서 뜨개질을 하다가 사람들의 주목을 받은 일이 처음은 아니었다. 공공장소에서 뜨개질을 하면 일종의 사회적 소통 창구가 열리게 된다. 그 통로를 통해 새로운 사람들을 만나고, 단지 그들에게 작품을 판매하는 데 그치지 않고 그들과 함께 새로운 커뮤니티를 구축할 수 있게 된다.

몇몇 대도시에서는 공공시설물에서 얀 그래피티(yarn graffiti)를 심심치 않게 만날 수 있다. 회색 콘크리트를 꾸며주는 장식품과 공원의 나무에 씌워진 알록달록한 옷, 다리 난간을 덮은 줄무늬 커버로 거리에는 털실 폭탄(Yarn bombing)*의 정신이 깃든다. 이런 행위는 난폭한 반달리즘과는 거리가 멀며, 도시의 거리에 색채를 부여하자는 것이 주된 목적이다. 얀 그래피티는 오래된 수공예 기술을 현대인의 생활에 맞추어 새롭게 응용한 모범적 사례다. 이런 프로젝트에는 할머니들과 젊은이들이 함께 참여할 수 있다. 2012년에 나는 워크숍 수강생들과 함께 얀 그래피티 행사에 참가했다. 우리는 130m에 이르는 뜨개 체인(137쪽 참고)을 여러 개 만들어서 헬싱키 공원의 나무에 걸어놓았다. 그 덕분에 흔히 볼 수 없는 작품이었던 뜨개 체인이 뉴스에 소개되었고, 유명 수공예 상점에 진열되었으며, 급기야는 뉴욕 패션 위크에 초청되기에 이르렀다.

얀 그래피티처럼 이 책도 낡은 수공예 기법에 새로운 바람을 불어넣는 역할을 하고자 썼다. 이 책은 작업 과정을 담은 사진과 쉬운 단계별 설명으로, 코바늘 뜨개로 창조할 수 있는 현대적이며 실용적인 다양한 작품을 보여준다. 숙련된 전문가가 아니더라도 여기 소개된 모든 작품을 충분히 뜰 수 있다. 상세한 사진이 있기 때문에 어떤 어려운 작품에 도전하더라도 성공하리라 확신한다. 패턴을 따라 만들어보고, 자신의 스타일에 맞추어 변형해보자. 손뜨개에 엄격한 규칙은 없다. 책에서 제시하는 패턴은 단지 새로운 것을 터득하는 데 밑거름이 될 뿐이다. 모쪼록 나만의 개성 있는 작품을 떠 나가면서 손뜨개의 즐거움을 만끽하길 바란다!

---

* 동상이나 기둥과 같은 공공시설물에 실로 뜬 편물을 몰래 씌우는 일. 다른 종류의 그래피티와 유사하지만, 제거하기 쉽고 과격하지 않다는 점에서 차이를 보인다. (옮긴이)

코바늘
손뜨개의
기초

도구

플라스틱이나 금속 소재의 대형 코바늘은
래그 러그 코드를 뜨기에 적합하다.

작은 코바늘은 장신구나
픽셀 패턴을 뜨기에 좋다.

대나무시침핀으로
단을 표시하면 편리하다.

NICKEL PLATED

SHARPS 8
MILWARDS
BREVETE S.G.D.G.
NEEDLES
MADE IN ENGLAND

0 1 2 3 4 5 6 7 8 9 10 11 12 13 14 15 16 17 18 19 20 21 22 23 24 25 26 27 28 29 30

돗바늘로 편물을 잇거나 마무리하면
뜨개실이 갈라지지 않는다.

14

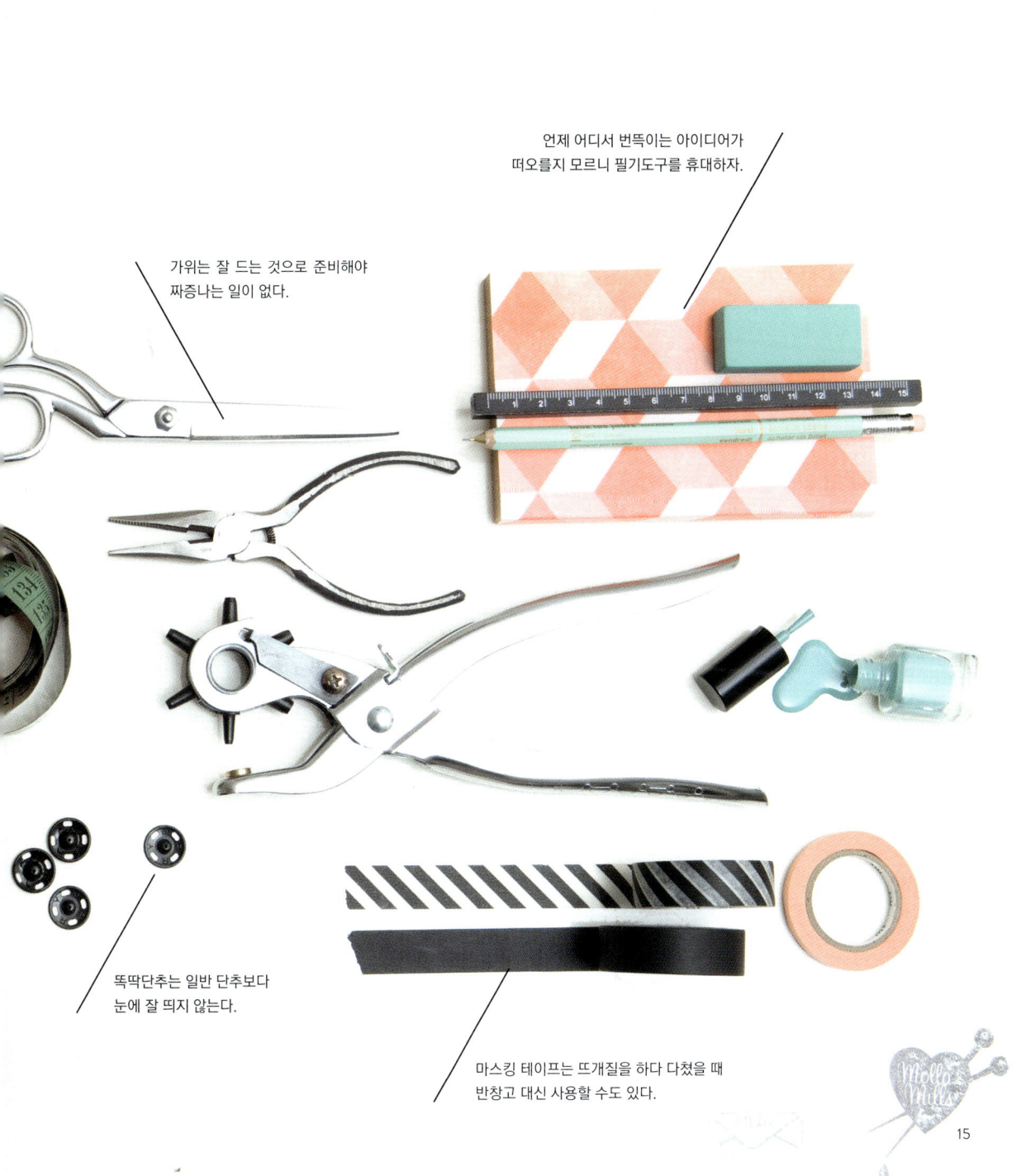

언제 어디서 번뜩이는 아이디어가
떠오를지 모르니 필기도구를 휴대하자.

가위는 잘 드는 것으로 준비해야
짜증나는 일이 없다.

똑딱단추는 일반 단추보다
눈에 잘 띄지 않는다.

마스킹 테이프는 뜨개질을 하다 다쳤을 때
반창고 대신 사용할 수도 있다.

실 고르기

파울라 굵은 트와인
(Paula thick twine)

파울라 가는 트와인
(Paula thin twine)

러그 코드(Rug cord)

디엠씨 〈페트라〉 코튼 펄 5
(DMC 〈Petra〉 cotton perle 5)

랑 〈파레오〉 래그 얀
(Lang 〈Pareo〉 rag yarn)

내 손으로 무언가를 직접 만들면 내 취향에 맞출 수 있기 때문에 기성품을 살 필요가 없다. 그래서 핸드메이드 작품은 기성품을 구매했을 때보다 너 오랫동안 유용하게 쓸 수 있는 경우가 많다. 물론 좋은 재료를 사용했을 경우에 말이다. 나는 내가 사는 지역에서 생산된 친환경적인 재료를 쓰려고 노력한다. 수공예가 바로 그런 일이니까. 실을 고를 때는 계획한 작품에 가장 적합한 종류를 찾도록 한다. 피부에 직접 닿는 편물에는 면, 울, 실크, 대나무, 리넨과 같은 천연 섬유 소재의 실이 가장 좋다. 인테리어 소품에는 트와인이나 러그 코드처럼 굵직한 실을 쓰면 튼튼한 편물을 만들 수 있다. 또한 실을 두 겹으로 겹쳐서 떠도 편물의 짜임새가 더 견고해진다.

실에 표시된 가닥 수(ply)는 실의 특성을 나타내주는 중요한 정보이다. 자주 사용하는 작품을 뜰 때는 조직이 조밀한 실을 사용해야 깔끔하고 명확하게 단을 만들어나가면서 손을 많이 타도 망가지지 않는 편물을 완성할 수 있다. 반면 부드러운 느낌을 살리고 싶다면 느슨한 실을 선택하면 된다. 느슨한 실을 사용할 때는 코바늘이 쉽게 빠져 보기 싫은 고리가 생길 수 있으므로 특히 주의해야 한다.

여기 소개된 작품에는 코튼 얀과 합성 섬유, 폴리에스테르와 면을 섞은 혼방 섬유를 사용했다. 이렇게 섬유를 혼방하면 섬유의 강도가 높아지는 동시에 신축성도 좋아진다는 장점이 있다. 대형 육각형 러그는 폴리에스테르와 면을 혼방한 트와인을 사용한다. 다른 작품에는 전통적인 피시 넷 트와인을 사용하는데, 그중 일부는 공정무역 코튼을 원료로 쓴 실을 사용했다. 그리고 대형 래그 러그 바구니는 재생 트리코 코드를 사용해 만들었다.

시간이 허락된다면 참을성을 가지고 선택한 실로 작은 견본을 먼저 떠보자. 견본과 여기 제시된 치수를 비교해보면 작품의 완성 치수를 가늠할 수 있고, 자신이 뜨는 방식이 제시된 바늘 호수로 뜨기에 적합한지 판단할 수 있다. 작품마다 뜨기 좋은 실을 추천해두었지만, 다른 실로 대체해도 문제없다.

적당히 신축성이 있는 재료라면, 무엇이든 코바늘 뜨개실로 사용할 수 있다.

가는 러그 코드

데비 블리스 〈에코 베이비〉 코튼 얀
(Debbie Bliss 〈Eco Baby〉 cotton yarn)

리나 피시 넷 트와인
(Liina fish net twine)

에시토 코튼 얀
(Esito cotton yarn)

랑 〈에스트렐라〉 롤드 래그 얀
(Lang 〈Estrella〉 rolled rag yarn)

자수실

랑 〈빅 코튼〉 코튼 얀
(Lang 〈Big Cotton〉 cotton yarn)

17

파울라 굵은 트와인
(Paula thick twine)

파울라 가는 트와인
(Paula thin twine)

데비 블리스 〈에코 베이비〉 코튼 얀
(Debbie Bliss 〈Eco Baby〉 cotton yarn)

랑 〈에스트렐라〉 롤드 래그 얀
(Lang 〈Estrella〉 rolled rag yarn)

랑 〈빅 코튼〉 코튼 얀
(Lang 〈Big Cotton〉 cotton yarn)

러그 코드(Rug cord)

랑 〈파레오〉 래그 얀
(Lang 〈Pareo〉 rag yarn)

리나 피시 넷 트와인, 18겹
(Liina fish net twine,
18-ply)

에시토 코튼 얀
(Esito cotton yarn)

디엠씨 〈페트라〉 코튼 펄 5
(DMC 〈Petra〉 cotton perle 5

리나 피시 넷 트와인, 12겹
(Liina fish net twine, 12-ply)

견본

견본은 10코씩 10단으로 뜬다. 사진에서 보듯, 실에 따라 편물의
치수와 질감도 달라진다. 견본은 모두 앞뒤로 오가며 떴다.

코바늘 손뜨개 기법

바늘 쥐기

1

2

1   연필 쥐는 자세. 가는 실로 가벼운 질감의 편물을 짤 때 좋다.

2   칼 쥐는 자세. 러그 코드처럼 굵은 실로 힘을 더 많이 주어야 할 때 적당하다.

첫 코 만들기

1

2

1   바늘에 거는 첫 코는 풀매듭이다. 만드는 방법은 다양하며, 사진은 그중 한 가지다.

2   이제 바늘에 첫 코가 만들어져 뜰 준비가 된 상태다.

3

3 실을 쥐는 방법과 뜨는 방법은 사람마다 다르다. 사진처럼 세 손가락으로 실을 쥐면 간단하면서도 실에 힘을 일정하게 가할 수 있어서 좋다.

사슬뜨기

1

2

3

1 바늘에 첫 코를 만든다. 바늘을 잡지 않은 쪽 집게손가락과 엄지손가락으로 뜬 부분을 쥐고, 나머지 손가락으로 실을 쥔다. 바늘에 실을 한 번 건다.

2 첫 코 고리를 통해서 바늘에 걸린 실을 빼낸다.

3 같은 방법으로 필요한 만큼 사슬코를 만든다. 이때 바늘에는 항상 고리 한 개가 걸려 있어야 한다.

짧은뜨기

1

2

3

4

5

6

1	사슬뜨기 코의 첫 코로 시작한다. 바늘을 두 번째 사슬 코에 넣고, 실을 바늘에 건다.	**4**	사슬뜨기한 모든 코를 짧은뜨기로 떠준다.
2	바늘에 건 사슬코를 통해서 실을 빼내고, 다시 실을 바 늘에 건다. 이제 바늘에는 고리가 두 개 걸린 상태다.	**5**	편물을 돌릴 때는, 사슬뜨기 1코를 한다.
		6	앞에서 뜬 단의 모든 코를 짧은뜨기로 떠준다.
3	고리 두 개를 통해서 한꺼번에 실을 빼낸다. 이제 첫 번 째 짧은뜨기 코가 완성되었다.	**7**	편물에 필요한 만큼 단을 뜬다.

원통형으로 짧은뜨기

1

2

3

1   사슬뜨기로 필요한 만큼 코를 만든다. 그런 다음, 마지막
      코와 첫 코를 짧은뜨기로 연결하여 원통형으로 이어준다.

2   모든 코에 짧은뜨기를 한다.

3   계속해서 원통형으로 짧은뜨기를 해나간다. 이렇게 하면
      단이 바뀌는 부분이 눈에 띄지 않는다.

위쪽은 앞뒤로 오가며 뜬 편물이고, 아래쪽은 원통형으로 뜬 편물이다. 모두 짧은뜨기로 떴지만, 짜임이 확연히 달라 보인다.

단춧구멍과 가방끈 구멍 만들기

1   끈이나 단추의 폭을 재고, 그 길이에 맞추어 사슬뜨기로 코
를 만든다. 여기서는 4코를 만들었다.

2   3코를 거른 다음, 네 번째 코에서 짧은뜨기를 시작한다.

3   계속해서 짧은뜨기를 한다.

4   다음 단에서, 구멍을 통해서 짧은뜨기 1코를 떠서 구멍 윗
부분을 뜨기 시작한다.

5   구멍 위의 모든 사슬코를 각각 짧은뜨기로 뜬다.

6   짧은뜨기로 필요한 만큼 단을 뜬다.

1

2

3

4

5

6

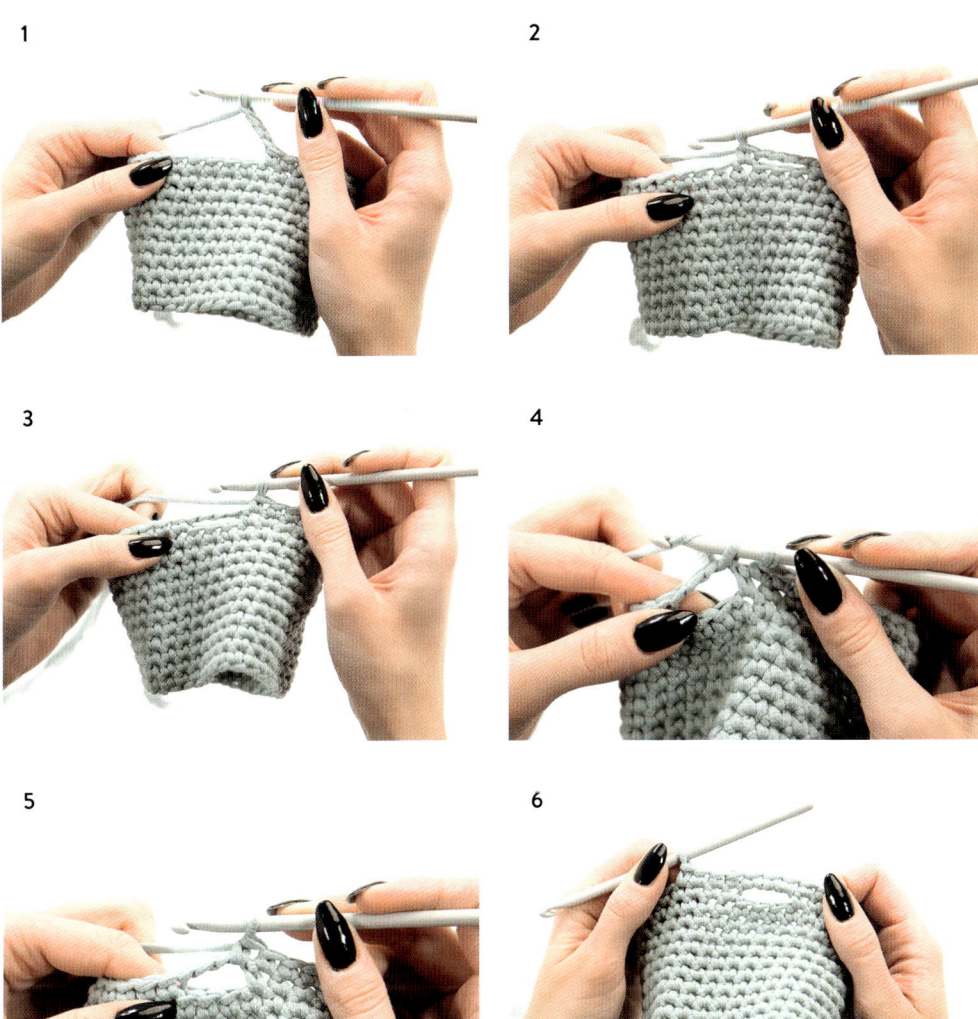

한길긴뜨기

1   사슬뜨기로 필요한 만큼 코를 만든다.

2   바늘 쪽에서 네 번째 사슬코에 바늘을 넣은 다음, 실을 건다.

3   고리를 통해 실을 빼낸 다음, 바늘에 실을 건다.

4   고리 두 개를 통해 실을 빼내고, 바늘에는 고리 두 개를 남긴
    다. 다시 바늘에 실을 건다.

5   고리 두 개를 통해 실을 빼낸다. 이렇게 하면 첫 번째 한길긴
    뜨기 코가 완성된다.

6   각 사슬코마다 모두 한길긴뜨기를 한다.

7   사슬뜨기 3코를 뜨고, 편물을 돌린다.

8   앞에서 뜬 단의 각 코에서 위쪽 고리에 한길긴뜨기를 계속
    한다.

1

2

3

4

5

6

7

8

단을 뜨는 중에 실 바꾸기

1 단이 끝나기 전에 실을 바꾸려면, 먼저 뜨던 방법대로 코에 바늘을 넣고 실을 감은 뒤에 코를 통해 실을 빼낸다.

2 이제 새로운 실을 바늘에 건다.

3 새 실을 바늘에 있는 고리 두 개를 통해 빼낸 다음, 바늘을 다음 코에 넣고 새 실로 고리를 하나 더 만들면서 빼낸다.

4 바늘에 있는 고리 두 개를 통해 실을 빼낸다. 이제 실을 바꾸는 과정이 끝났다.

5 새 실로 필요한 만큼 떠준다.

6 뜨지 않는 실은 코의 뒤쪽으로 걸쳐 함께 떠서 편물의 뒷면에 고리처럼 늘어지지 않도록 한다.

7 도안에 따라 실 색을 바꾼다. 원통형 뜨기에서는 배색무늬 가장자리가 엇갈리게 되므로, 이 기법으로는 배색무늬의 세로선을 수직선으로 만들 수는 없다.

1

2

3

4

5

6

7

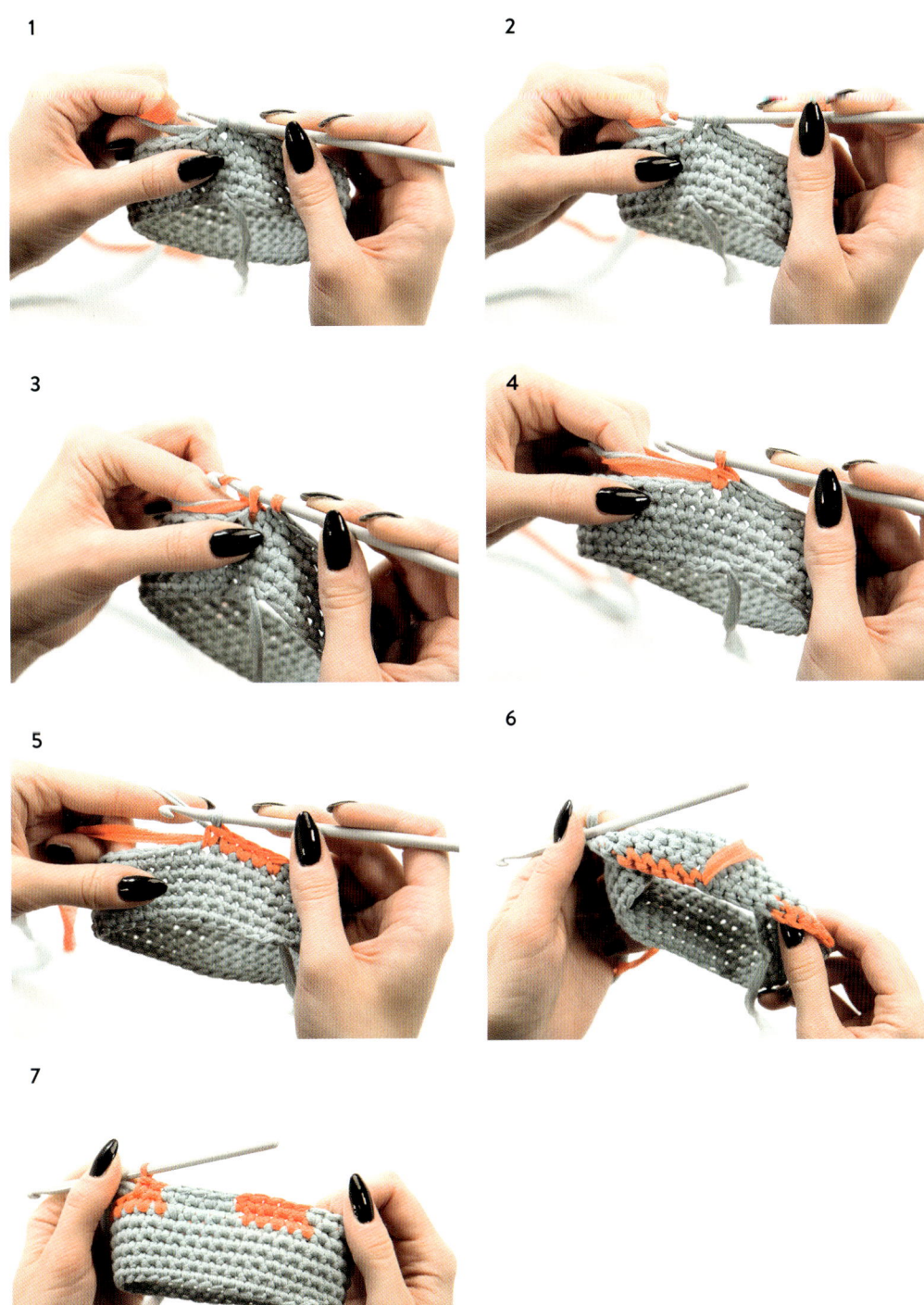

사진 : 에시 쿨라(Essi Kuula)

헬싱키의 핸드메이드 전문점 팔로니(Paloni)에서는 품질 좋은 핸드메이드 작품을 판매할 뿐만 아니라 관련 강좌와 행사도 개최하고 있다. 수강생들이 러그 코트 바구니의 바닥면을 뜨는 모습.

보이지 않게 실 바꾸기

1 단을 뜨는 중에 실을 다 쓰더라도 눈에 띄지 않게 새 타래의 실을 연결하여 뜰 수 있다. 사진에는 구분하기 쉽도록 색이 다른 실을 사용하였지만, 어떤 실이든 연결할 때 활용할 수 있는 기법이다.

2 새 실이 편물의 뒷면에 가도록 잡고 5~10cm 정도 원래 실과 함께 떠준다. 이때 실을 겹치는 길이는 편물의 크기에 따라 조절하면 된다.

3 새 실을 앞으로 가져와서 계속 뜬다.

4 원래 실을 잘라낸다.

매듭지어 실 바꾸기

1 단을 뜨는 중에 실을 바꿀 때, 원래 실과 새 실을 서로 묶어서 연결할 수도 있다. 스퀘어 노트로 실을 묶은 뒤에 뜨던 방법대로 계속하면 된다.

2 매듭을 단단하게 묶는다.

3 매듭은 편물의 뒷면으로 가게 된다. 매듭의 끝자락은 그대로 두거나 잘라낸다.

4 이제 새 실로 계속 뜬다.

1

2

3

4

1

2

3

4

빼뜨기

1   빼뜨기는 편물의 가장자리를 견고하게 하고, 크기에 변화를 주지 않으면서 튼튼한 테두리를 만들어준다. 빼뜨기는 짧은뜨기를 할 때처럼, 바늘을 코에 넣고 실을 감아서 시작하면 된다.

2   바늘에 있는 고리 두 개를 통해 한꺼번에 실을 빼낸다.

3   단의 끝까지 빼뜨기를 계속한다.

실 끝 정리하기

1   실을 자른 다음, 실 끝을 마지막 코에 통과시킨다.

2   실 끝을 돗바늘에 끼우고 편물의 뒷면에서 마지막 코에 넣어 빼낸다.

3   실을 코 여러 개의 뒤쪽으로 짜 넣는다.

4   실 끝을 잘라낸다.

1

2

3

1

2

3

4

지퍼 달기

1 지퍼를 달고자 하는 위치에 펼쳐두고 핀으로 고정한다.

2 스템스티치로 지퍼를 편물에 꿰맨다. 이때 편물의 한 코마다 바늘땀을 하나씩 꿰매도록 한다.

3 사진은 편물의 뒷면에서 스템스티치를 하는 모습이다. 손바느질을 하지 않고, 재봉틀로 지퍼를 달아도 좋다.

솔기 잇기

1 사진은 백스티치(박음질)로 솔기를 꿰매는 모습이다. 백스티치는 쿠션커버와 같은 작품에서 솔기를 이을 때 이용하기 좋은 방법이다.

2 사진은 스템스티치로 솔기를 꿰매는 모습이다. 솔기를 견고하게 이어야 할 때 이용하기 좋다.

1

2

3

1

2

작품 난이도

초보자에게 적합한 수준

집중력이 필요한 수준

시간이 걸리고, 꽤 어려운 수준

인테리어
소품

바구니와 꽃병

래그 러그 얀(rag rug yarn, 패브릭 얀의 일종)은 편물공장에서 버려지는 원단 가장자리와 같은 재료를 재활용해 만든 실이다. 활용도가 높고 친환경적인 재료이며, 내구성이 좋아서 오랫동안 애용되고 있다. 1970년대에 래그 러그 얀으로 만든 러그들을 지금도 여전히 사용하는 경우도 있다. 최근에는 더욱 다양하게 활용할 수 있는 방법이 많이 개발되었는데, 주로 굵은 바늘을 이용해 러그와 바구니, 가방 등을 만든다. 처음에는 실이 너무 무거워서 뜨기 어려울 것 같지만, 조금 뜨다 보면 금방 익숙해진다. 또 실이 굵은 만큼 짧은 시간에 작품을 완성할 수 있다.

래그 러그 얀의 대표적인 특성은 균일하지 않다는 점이다. 굵기가 일정하지 않거나 중간에 매듭이 있고, 눈에 띄게 색이 다른 부분이 있기도 하다. 그런 작은 차이들 덕분에 개성 있는 작품이 만들어지기도 하니 너무 세밀하게 따질 필요는 없다. 그러나 실을 구입할 때는 자세히 살펴보고, 가능하면 굵기가 고르고 색이 일정하며 매듭이 적은 제품을 고르는 편이 좋다. 매듭이 있는 경우에는 그대로 뜨거나, 매듭을 풀고 실을 대각선으로 꿰매어 연결한 뒤에 뜨면 된다. 그래도 매듭이 너무 자주 나온다면 인내심이 바닥나버릴지 모르니 처음부터 신중하게 고르도록 하자.

낡은 옷이나 침대보를 잘라 래그 러그 얀을 직접 만들 수도 있다. 코바늘 뜨개에 가장 적합한 원단은 니트처럼 얇고 신축성이 있는 소재다. 침대보로 만든 래그 러그 얀은 신축성이 적고 가장자리 올이 쉽게 풀리기 때문에, 작품의 질감이 색다르게 나타난다. 수십 년에 걸쳐 다양한 원단들이 재활용되어 왔다. 버려질 뻔한 재료든은 경제적으로 재활용하는 과정을 통해 원단은 새 생명을 얻게 되고, 재미있는 이야깃거리도 생긴다. 지금 주방에 있는 양파 바구니가 실은 지난 여름에 파티에 입고 갔다가 찢어진 드레스였다는, 그런 이야기 말이다.

이 책에는 래그 러그 얀 바구니 외에도, 굵은 트와인으로 무늬가 있는 바구니를 뜨는 방법이 소개되어 있다. 폴리에스테르와 면 소재가 섞인 트와인은 다양한 중량과 색상이 시중에 나와 있고, 래그 러그 얀에 비해 더 균일하기 때문에 완성작도 매듭이 없이 더 고른 질감을 보인다. 트와인은 굵고 가는 실, 단색과 복합색, 순면과 혼방 등 다양한 종류가 있다. 만일 운 좋게 핫핑크나 블랙과 화이트가 섞인 트와인을 발견한다면, 있는 대로 싹 쓸어 담아와 근사한 러그와 바구니를 뜨고 싶다.

굵은 실로 뜨개질을 하면 손목에 힘이 많이 들어가기 때문에, 조금이라도 아픈 느낌이 있으면 꼭 휴식을 취해야 한다. 내 경우에는 16시간 동안 계속 뜬 적도 있는데, 대형 코바늘과 래그 러그 얀으로 뜨개질을 하면서 조지 클루니의 출연작들 절반을 섭렵해버렸다. 다음날이 되니 팔은 마치 밀림에 늘어진 덩굴처럼 옆구리에서 덜렁거리고, 피부는 코끼리 등처럼 거칠어져 있었다. 그리고 이틀이나 지나서야 겨우 손을 움직일 수 있었다.

패브릭 얀 바구니 S

사 이 즈	높이: 12cm, 지름: 12cm
코 바 늘	9.0mm (점보코바늘)
중 량	250g
실	래그 러그 얀 (대체실: 파빠르)

코바늘 뜨개로 만든 바구니는 우아하고 멋스러워서 손뜨개를 하는 사람이라면 누구나 만들고 싶어 하는 소품이다. 바구니는 실용적이고, 수납하려는 물건에 맞추어 다양한 크기로 만들 수 있다. 작은 바구니를 떠서 연필꽂이로 쓰거나 화장실 선반의 자질구레한 물건들을 담아보자.

TIP!
낡은 티셔츠로 실을 만들어 바구니를 떠보자. L 사이즈의 남성용 티셔츠 두 장을 긴 가닥으로 자르면, 소형 바구니 한 개를 만들 수 있다.

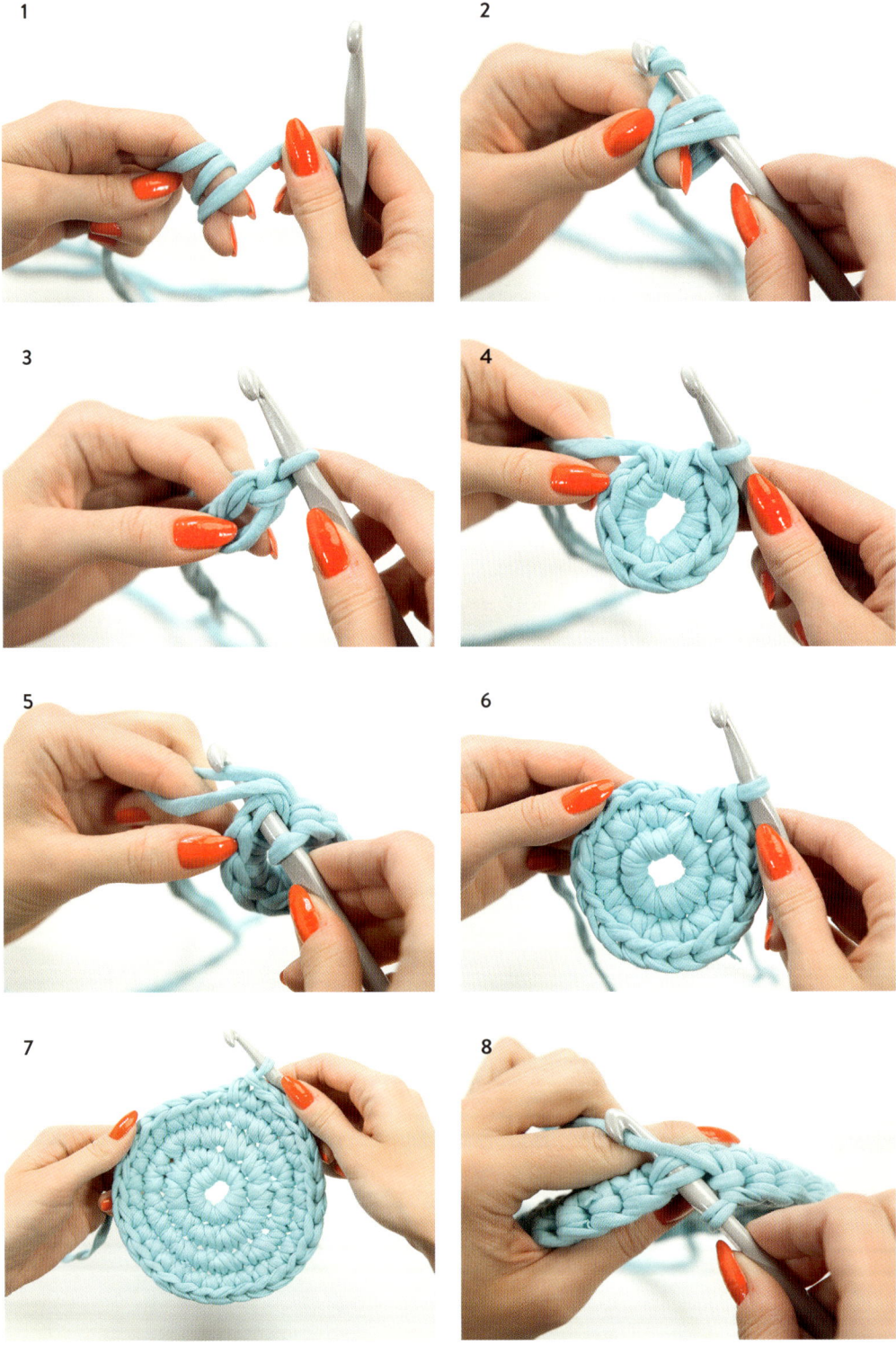

9

1 20cm 길이로 실을 잡아, 두 손가락에 두 번 감는다.

2 손가락에 감은 원에 바늘을 넣고, 바늘에 실을 건다.

3 원을 통해서 실을 빼내고, 실을 다시 위쪽에서 감은 뒤에 바늘에 있는 고리를 통해서 실을 빼낸다. 이때 원을 단단히 잡는다.

4 원을 통해서 짧은뜨기를 10코 한다.

5 첫 코에 짧은뜨기 2코를 하여 다음 단으로 넘어간다.

6 **2단.** 각 코마다 짧은뜨기 2코씩. 이렇게 하면 이번 원통형 단에서 총 20코가 된다.

7 **3단.** 한 코씩 번갈아가며 짧은뜨기 2코씩, 사이에 있는 코마다 짧은뜨기 1코씩. 이렇게 하면 이번 원통형 단에서 총 30코가 된다.
   4단. 각 코마다 짧은뜨기 1코씩. 콧수는 늘지 않는다.

8 **5단.** 바닥면 가장자리에서 옆면으로 꺾여 올라가는 부분이다. 바늘을 (코의 뒤쪽에 있는 고리를 통해서) 코의 뒤에서 앞으로 넣고, 바로 뒤이어 있는 고리에도 넣는다 (뒤걸어 짧은뜨기).

9 각 코마다 뒤걸어 짧은뜨기 1코씩을 하며 가장자리를 계속 뜬다.

15

16

17

10 짧은뜨기를 계속하며 8단을 더 뜬다. 사진은 3단을 뜬 모습이다.

11 손잡이를 만들 차례다. 다음 단의 시작에서 사슬뜨기 5코를 한다. 2코를 거른 후에 세 번째 코에 짧은뜨기를 한다.

12 손잡이가 시작되는 자리에 닿을 때까지 짧은뜨기를 한 단 뜬다.

13 빼뜨기로 한 단을 떠서 가장자리를 마무리한다. 손잡이의 사슬 부분도 빼뜨기로 양쪽 똑같이 해준다.

14 나머지 코에도 빼뜨기를 계속하다가, 손잡이가 시작되는 자리에서 마친다.

15 실을 사선으로 자른다.

16 실 끝을 돗바늘에 끼워 바구니 안쪽으로 빼낸다.

17 실 끝이 보이지 않게 정리한다.

패브릭 얀 바구니 M

사 이 즈	높이: 17cm, 지름: 22cm
코 바 늘	9.0mm (점보코바늘)
중 량	500g
실	래그 러그 얀 (대체실: 파빠르)

중형 래그 얀 바구니는 작업대에 있는 잡동사니들을 정리해두기에 적당한 크기다. 짧은 시간 안에 뜰 수 있어서, 곧 잡동사니보다 바구니가 더 많아질지도 모른다.

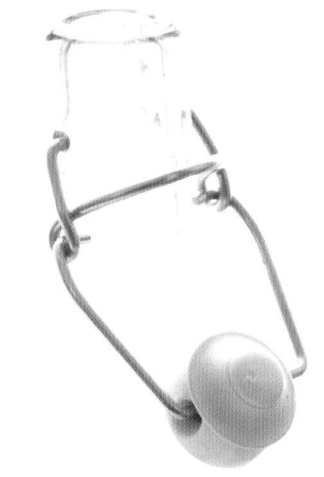

1   3단까지는 48쪽에서 소개한 소형 래그 얀 바구니와 같은 방법으로 뜬다.

    4단. 세 번째 코마다 짧은뜨기 2코씩, 사이에 있는 두 코는 짧은뜨기 1코씩. 총 40코.

    5단. 각 코마다 짧은뜨기 1코씩.

    6단. 네 번째 코마다 짧은뜨기 2코씩, 사이에 있는 세 코는 짧은뜨기 1코씩. 총 50코.

    7단. 각 코마다 짧은뜨기 1코씩.

2   **8단.** 바닥면 가장자리에서 옆면으로 꺾여 올라가는 부분이다. 바늘을 코의 뒤쪽에서 넣고, 바로 뒤이어 있는 고리에도 넣는다(뒤걸어 짧은뜨기).

3   각 코마다 뒤걸어 짧은뜨기 1코씩을 하며 가장자리를 뜬다.

4   짧은뜨기로 11단을 뜬다.

5

6

7

8

9

5 손잡이를 만들 차례다. 단의 시작 부분에서 사슬뜨기 5코를 한다. 3코를 거른 후 네 번째 코에 짧은뜨기를 한다.

6 짧은뜨기 22코를 뜬 후 5번과 같은 방법으로 두 번째 손잡이를 만든다.

7 짧은뜨기로 첫 번째 손잡이의 시작 부분까지 계속한다.

8 빼뜨기로 한 단을 뜨면서 가장자리를 마무리한다. 손잡이의 사슬뜨기 부분은 소형 바구니와 같은 방법으로 뜨면 된다.(53쪽 참조)

9 실을 잘라 끝이 보이지 않게 정리해 넣는다.

패브릭 얀 바구니 L

사 이 즈   높이: 40cm, 지름: 24cm
코 바 늘   10.0mm (점보코바늘)
중 량   1.5kg
실   래그 러그 얀 (대체실: 파빠르)

커다란 래그 얀 바구니는 현관에 두고 장갑이나 스카프를 던져
두기에 제격이다. 바구니 윗부분을 접어서 필요에 따라 높이를
조절할 수도 있다.
18단까지는 54쪽에서 소개한 중형 바구니와 같은 방법으로 뜨
다가, 짧은뜨기로 16단을 더 뜬다. 이번에는 손잡이가 없고, 마
무리는 빼뜨기로 하면 된다.
중형 바구니와 같은 방법으로 뜨지만, 이 바구니가 조금 더 크게
만들어진다. 실과 바늘의 굵기가 달라서 대형 바구니의 짜임이
더 느슨하게 떠지기 때문이다. 또한 바구니의 윗부분을 접거나
말아서 내려주면 더 탄탄하게 사용할 수 있다.

패브릭 얀 바구니 XL

사 이 즈   높이: 35cm, 지름: 45cm
코 바 늘   10.0mm (점보코바늘)
중 량   2.5kg
실   래그 러그 얀 (대체실: 파빠르)
기 타   굵은 줄이나 끈

굵고 단단한 실로 떠서 매우 튼튼하고 내구성이 좋은 특대형 래그 얀 바구니. 손잡이 줄은 따로 떠서 만들 수도 있고, 57쪽에서 소개한 방식으로 만들 수도 있다.
7단까지는 중형 래그 얀 바구니와 같은 방법으로 뜨면 된다.

8단. 다섯 번째 코마다 짧은뜨기 2코씩, 그 사이에 있는 네 코에는 짧은뜨기 1코씩.
9단. 짧은뜨기.
10단. 여섯 번째 코마다 짧은뜨기 2코씩, 그 사이에 있는 다섯 코에는 짧은뜨기 1코씩.
11단. 바닥면 가장자리에서 옆면으로 꺾여 올라가는 부분이다. 바늘을 코의 뒤쪽에서 넣고, 바로 뒤이어 있는 고리에도 넣는다. 이 두 고리에 짧은뜨기 1코를 하며 단을 계속 뜬다(뒤걸어 짧은뜨기).
12~30단. 짧은뜨기.
빼뜨기로 가장자리를 마무리한다. 이제 손잡이 자리에 굵은 줄이나 끈을 달면 완성이다.

패브릭 얀 꽃병

사 이 즈	높이: 20cm, 지름: 18cm
코 바 늘	9.0mm (점보코바늘)
중 량	400g
실	굵은 래그 러그 얀 (대체실: 파빠르)

래그 얀 바구니를 변형시켜 만든 래그 얀 꽃병이다. 바구니와
같은 기법으로 뜨기 시작하지만, 옆면에서 형태가 달라진다. 실
의 굵기와 상관없이 콧수를 늘리고 줄이면서 다양한 형태를 만
들 수 있다. 굵은 래그 러그 얀으로 뜨면 수납하기에 좋은 견고
한 꽃병이 된다.

TIP!
래그 얀 꽃병 안에 유리꽃병을 넣으면, 물을 채우고 꽃을 꽂아
둘 수 있다.

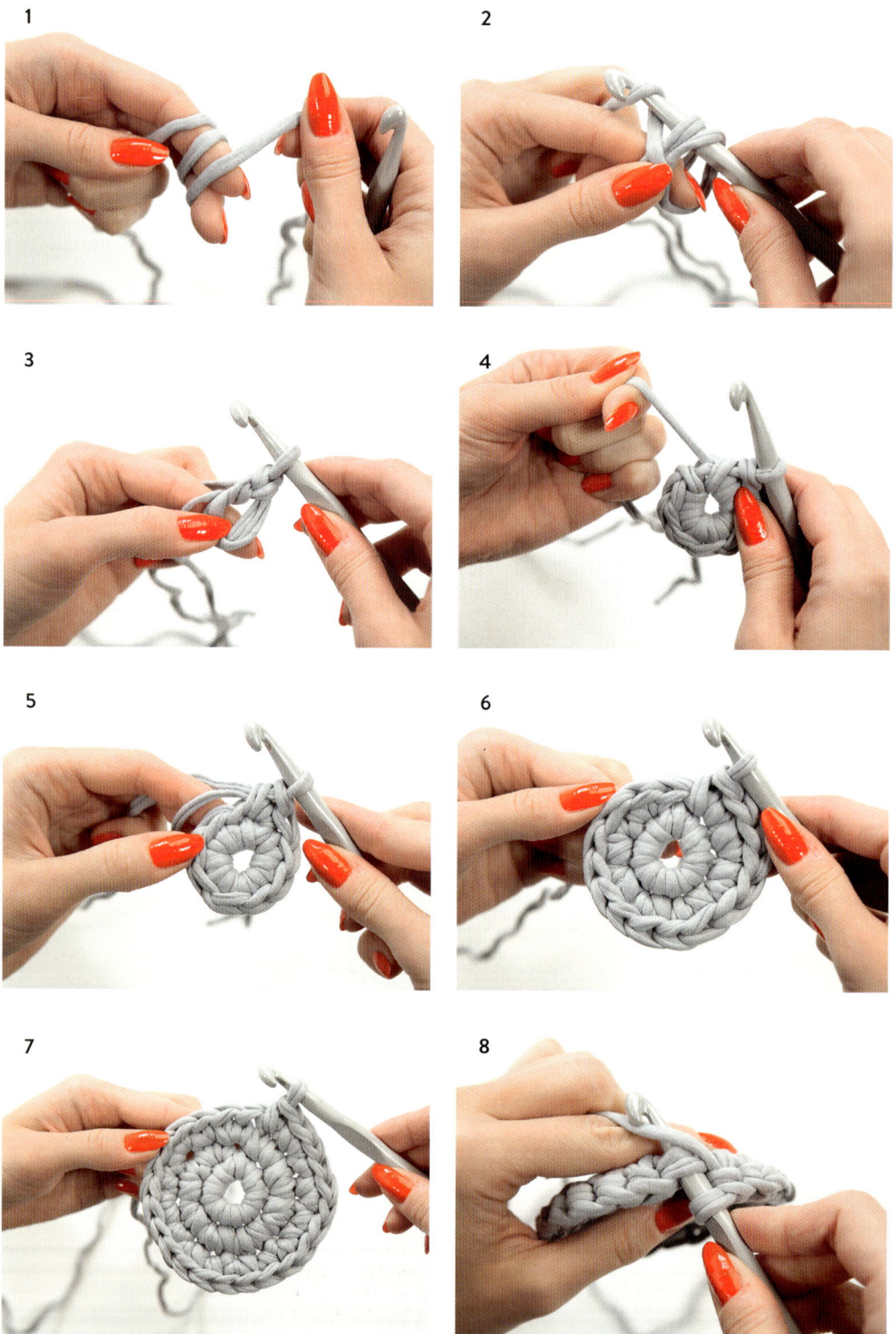

9

10

11

1 20cm 길이로 실을 잡아 두 손가락에 두 번 감는다.

2 손가락에 감은 두 고리 안으로 바늘을 넣은 다음, 실을 바늘에 건다.

3 실을 빼내고, 위쪽에서 다시 한 번 실을 감은 뒤에 코를 통해 실을 빼낸다. 손가락에서 실을 빼내면서, 만들어진 원을 단단히 잡는다.

4 이런 방법으로 8코를 짧은뜨기 한다.

5 첫 코에 짧은뜨기 2코를 하여 다음 단으로 넘어간다.

6 **2단.** 각 코마다 짧은뜨기 2코씩. 이렇게 하면 이번 단에서 총 16코가 생긴다.

7 **3단.** 한 코씩 번갈아가며 짧은뜨기 2코, 그 사이에 있는 코는 짧은뜨기 1코씩. 이렇게 하면 이번 단에서 총 24코가 생긴다.

8 **4단.** 바닥면 가장자리에서 옆면으로 꺾여 올라가는 부분이다. 바늘을 코의 뒤쪽으로 넣고, 코에 바로 뒤이어 있는 고리에도 넣는다(뒤걸어 짧은뜨기).

9 각 코마다 뒤걸어 짧은뜨기를 1코씩 하면서 가장자리를 뜬다.

10 **5단.** 세 번째 코마다 짧은뜨기 2코씩, 그 사이에 있는 두 코는 짧은뜨기 1코씩. 총 32코.
6~7단. 짧은뜨기.

11 **8단.** 네 번째 코마다 짧은뜨기 2코씩, 그 사이에 있는 세 코는 짧은뜨기 1코씩. 총 40코.
9~13단. 짧은뜨기.

19

20

21

12 **14단.** 형태를 만들 차례다. 네 번째 코와 다섯 번째 코마
다 함께 떠준다. 이때 바늘을 코에 넣었다가 빼내면서,
바늘에는 고리 두 개를 남긴다.

13 바늘을 다음 코에 넣었다가 코를 통해 실을 빼내면서, 바
늘에는 고리 세 개를 남긴다.

14 바늘에 실을 걸고, 세 고리를 통해 한꺼번에 빼낸다. 이
렇게 하면 코를 한 번 줄인 것이다.

15 계속해서 네 번째와 다섯 번째 코마다 함께 떠주어 총
32코까지 줄인다.

16 **15~19단.** 짧은뜨기.

17 **20단. 코 늘리기.** 세 번째 코마다 짧은뜨기 2코, 그 사이
에 있는 두 코는 짧은뜨기 1코씩.

18 **21~22단.** 짧은뜨기.

19 빼뜨기로 가장자리를 마무리한다. 실을 잘라 끝이 보이
지 않도록 정리해 넣는다.

20 꽃병을 원하는 형태로 손질한다.

21 이제 꽃병이 완성되었다.

대각선 줄무늬 바구니

사 이 즈	높이: 26cm, 지름: 24cm
코 바 늘	9.0mm (점보코바늘)
중 량	760g
실	파울라 가는 트와인 (대체실: 파빠르, 딸리아)

래그 얀 바구니를 만들어 보았다면, 거기에 대각선으로 줄무늬를 넣은 이 바구니도 쉽게 만들 수 있다. 책상 위나 주방, 아이방에 두고 쓰기 좋은 크기고, 바닥이 튼튼해서 쓰러질 염려가 없다. 바닥면은 래그 얀 바구니와 같은 방법으로 뜨고, 옆면은 실을 블랙과 화이트로 번갈아 가며 뜨면 된다. 여기에 다양한 실과 색상을 이용해 변화를 줄 수도 있다. 래그 러그 얀이나 후크드 스파게티(Hoooked Zpagetti)처럼 굵은 패브릭 얀으로 뜨기에도 적당한 작품이다.

1

2

3

4

5

1 블랙 색상 실 가닥을 20cm 길이로 잡아서, 두 손가락
에 두 번 감는다. 손가락에 감은 원에 짧은뜨기 10코
를 한다.
2단. 각 코마다 짧은뜨기 2코씩. 총 20코.
3단. 한 코씩 번갈아서 짧은뜨기 2코씩, 그 사이에 있는
코는 짧은뜨기 1코씩. 총 30코.
4단. 세 번째 코마다 짧은뜨기 2코씩, 그 사이에 있는 두
코는 짧은뜨기 1코씩. 총 40코.
5단. 짧은뜨기.
6단. 네 번째 코마다 짧은뜨기 2코씩, 그 사이에 있는 세
코는 짧은뜨기 1코씩. 총 49코.
7단. 짧은뜨기.

2 **8단.** 바닥면에서 옆면으로 꺾이는 부분이다. 여기서는
바늘을 코의 뒤쪽에서 넣었다가 바로 뒤이어 있는 고
리에 넣어서 뜬다(뒤걸어 짧은뜨기). 블랙으로 짧은뜨
기 4코. 이때 화이트 색상 실은 보이지 않게 뒷면으로
넣어 뜬다.

3 실 바꾸기: 다섯 번째 코에서, 바늘을 코에 넣어 블랙 색
상 실을 바늘에 감은 뒤에 빼내고, 화이트 색상 실을 바
늘에 감는다.

4 화이트 색상 실을 두 고리를 통해서 빼내고 짧은뜨기 4
코. 바늘에 화이트 고리 두 개를 남긴다. 다섯 번째 코에
서 실을 블랙으로 바꾼다.

5 계속해서 다섯 번째 코마다 실을 바꾸면서 짧은뜨기.

6 다음 단까지 나선형으로 진행하며 계속 떠준다. 마지막
블랙 코는 화이트로 떠서 줄무늬 가장자리가 가지런해
지도록 한다.

7 다섯 번째 코마다 실을 바꾸어 나선형으로 뜬다. 이렇
게 하면 줄무늬는 자연히 대각선 방향으로 기울어진다.

8 이렇게 대각선 방향 줄무늬로 16단을 뜬다. 마지막 단은
   블랙으로 빼뜨기를 하면서 마무리한다.

9 실을 자른다.

10 실 끝이 보이지 않게 정리해 넣는다.

11 이제 바구니가 완성되었다.

삼각 무늬 바구니

사 이 즈 높이: 35cm, 지름: 45cm
코 바 늘 10.0mm (점보코바늘)
중 량 2.3kg
실 파울라 굵은 트와인 (대체실: 파빠르, 딸리아)

삼각 무늬 바구니는 뜨는 데 시간이 걸리고 손목에 힘도 많이 들어간다. 하지만 일단 다 뜨고 나면, 코바늘 뜨개 솜씨를 한껏 뽐낼 수 있는 굉장한 작품이 된다.

바구니의 바닥면은 블랙 색상으로 뜬다. 먼저 실 가닥을 20cm 길이로 잡아서, 두 손가락에 두 번 감는다. 손가락에 감은 원에 짧은뜨기 10코를 한다

2단. 각 코마다 짧은뜨기 2코씩.

3단. 한 코씩 번갈아서 짧은뜨기 2코씩, 그 사이에 있는 코는 짧은뜨기 1코씩.

4단. 세 번째 코마다 짧은뜨기 2코씩, 그 사이에 있는 두 코는 짧은뜨기 1코씩.

5단. 짧은뜨기. 이제 총 40코가 되어야 한다.

6단. 네 번째 코마다 짧은뜨기 2코씩, 그 사이에 있는 세 코는 짧은뜨기 1코씩.

7단. 짧은뜨기.

8단. 다섯 번째 코마다 짧은뜨기 2코씩, 그 사이에 있는 네 코는 짧은뜨기 1코씩.

9단. 짧은뜨기.

10단. 여섯 번째 코마다 짧은뜨기 2코씩, 그 사이에 있는 다섯 코는 짧은뜨기 1코씩.

11단. 짧은뜨기. 이제 총 69코가 되어야 한다.

12단. 바닥면에서 옆면으로 꺾여 올라가는 부분이다. 여기서는 바늘을 코의 뒤쪽에서 넣었다가 바로 뒤이어 있는 고리에 넣어서 뜬다(뒤걸어 짧은뜨기). 화이트 색상 실을 편물의 뒤로 걸쳐 함께 뜨면서, 블랙으로 짧은뜨기 3코. 네 번째 코에서 화이트 실로 바꾼다.

실 바꾸기: 다섯 번째 코에서 바늘을 코에 넣고 블랙 실을 바늘에 걸어 빼내고, 화이트 실을 바늘에 걸어 두 고리를 통해서 한꺼번에 빼낸다. 이제 바늘에는 화이트 고리 한 개만 남는다. 다음 코도 같은 방법을 이용해 블랙으로 바꾸어주면, 바늘에 블랙 고리 한 개만 남는다. 이렇게 하면 이번 단은 다섯 번째 코마다 화이트 색상이 된다.

13단. 블랙으로 짧은뜨기 2코, 세 번째 코에서 화이트로 바꾼다. 화이트로 짧은뜨기 2코, 그리고 블랙으로 바꾼다.

14~15단. 각 단에서 화이트를 1코씩 늘리면서 패턴에 따라 계속 뜬다. 이때 쉬는 실은 뒷면에 함께 떠 넣어서, 편물의 뒷면에 실이 늘어지지 않도록 한다.

16단. 무늬가 바뀌는 단이다. 블랙으로 짧은뜨기 3코. 네 번째 코에서 실을 바꾼다. 이전 단의 패턴 중간에서 블랙으로 짧은뜨기 1코가 들어간다.

17~28단. 패턴이 총 4회 반복될 때까지 패턴에 따라 계속 뜬다.

29~30단. 블랙으로 짧은뜨기 1단.

31단. 가장자리를 빼뜨기로 마무리한다. 실을 자른 다음 편물의 뒤쪽으로 짜 넣어 보이지 않게 정리한다.

쿠션

알사탕 쿠션

사 이 즈	높이: 12cm, 지름: 40cm
코 바 늘	9.0mm (점보코바늘)
중 량	1.2kg
실	래그 러그 얀 (대체실: 파빠르, 딸리아)
기 타	지퍼 (65cm), 쿠션 솜

굵은 실로 프랑스 알사탕처럼 달콤한 쿠션을 떠보자. 살구색 쿠
션은 비교적 가는 래그 러그 얀으로, 밝은 청록색 쿠션은 침대
보로 만든 래그 얀의 질감을 살린 특수사로 만들었다. 둘 다 같
은 도안에 따라 떴지만, 청록색 쿠션은 약간 가는 8.0mm 코바
늘을 사용했기 때문에 완성 크기도 조금 작다.
쿠션 솜은 면이나 합성섬유를 채워 직접 만들 수도 있고, 기성
품을 구입해도 좋다. 여기서는 가벼운 친환경 재생섬유로 만든
제품을 쿠션 사이즈에 맞게 구입하여 넣었다.

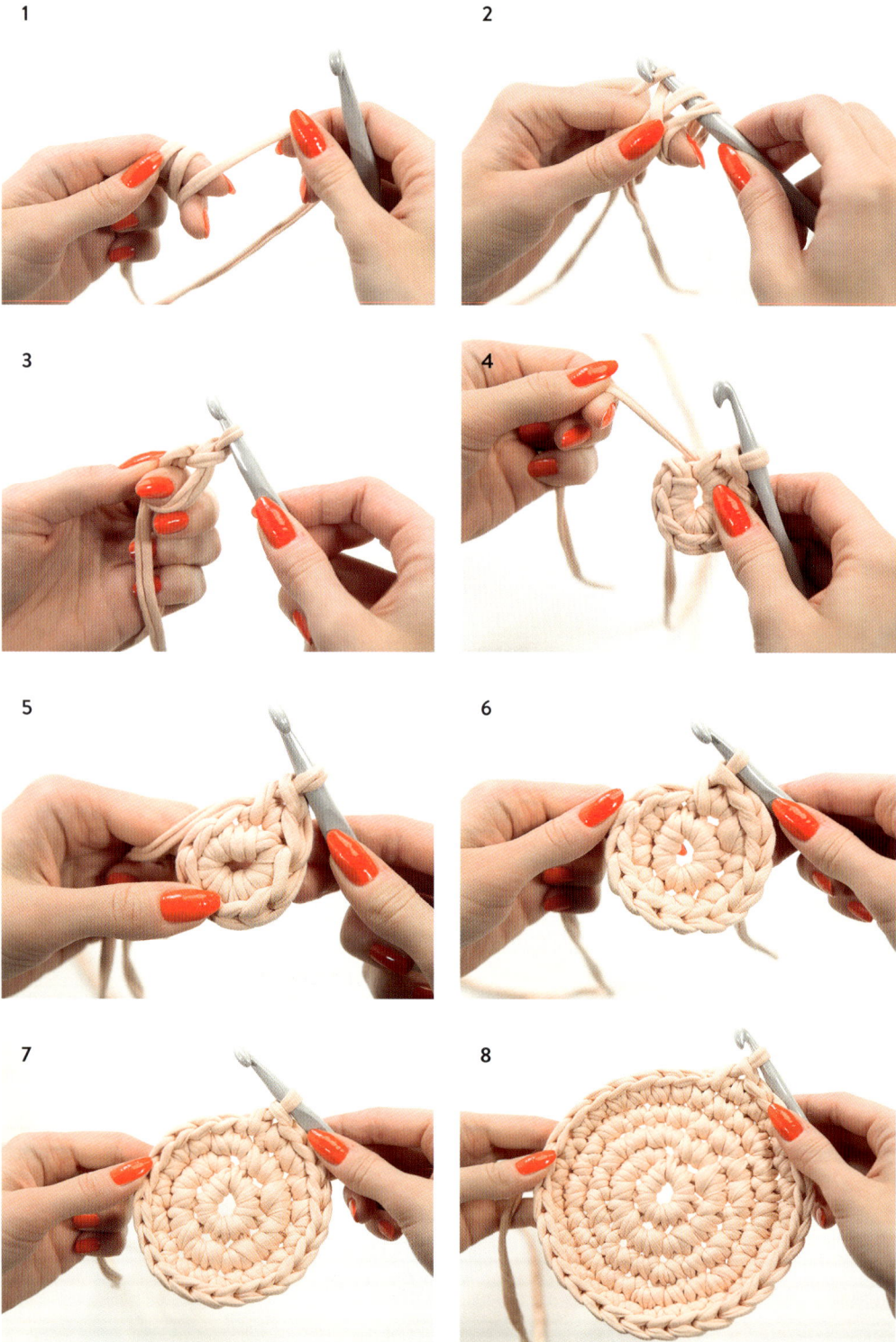

9

10

11

12

1 20cm 길이로 실을 잡아서, 두 손가락에 두 번 감는다.	**9** **6단.** 네 번째 코마다 짧은뜨기 2코씩, 그 사이에 있는 세 코에는 짧은뜨기 1코씩.
2 손가락에 감은 고리에 바늘을 넣고, 바늘에 실을 건다.	**10** **7단.** 짧은뜨기.

1 20cm 길이로 실을 잡아서, 두 손가락에 두 번 감는다.

2 손가락에 감은 고리에 바늘을 넣고, 바늘에 실을 건다.

3 실을 빼내고, 위쪽에서 다시 실을 바늘에 걸어 코 사이로 실을 빼낸다. 손가락으로 감은 원을 단단히 잡는다.

4 같은 방법으로 짧은뜨기를 8코 계속한 다음, 실 끝을 잡아당겨 고리를 꽉 조인다.

5 첫 번째 코에 짧은뜨기를 2코하여 다음 단으로 넘어간다.

6 **2단.** 각 코마다 짧은뜨기 2코씩. 이렇게 하면 이번 원통형 단에서 총 16코가 된다.

7 **3단.** 한 코씩 번갈아서 짧은뜨기 2코씩, 그 사이에 있는 코에는 짧은뜨기 1코씩. 총 24코.

8 **4단.** 세 번째 코마다 짧은뜨기 2코씩, 그 사이에 있는 두 코에는 짧은뜨기 1코씩. 총 32코.
5단. 짧은뜨기.

9 **6단.** 네 번째 코마다 짧은뜨기 2코씩, 그 사이에 있는 세 코에는 짧은뜨기 1코씩.

10 **7단.** 짧은뜨기.
8단. 다섯 번째 코마다 짧은뜨기 2코씩, 그 사이에 있는 네 코에는 짧은뜨기 1코씩.
9단. 짧은뜨기.
10단. 8단과 같은 방법으로 뜬다.
11단. 짧은뜨기.

11 **12단.** 8단과 같은 방법으로 뜬다.
13단. 짧은뜨기.
14단. 8단과 같은 방법으로 뜬다. 총 90코가 될 때까지 다섯 번째 코마다 늘리기.
15~20단. 짧은뜨기. 실을 잘라 끝이 보이지 않도록 정리해 넣는다.

12 위와 같은 방법으로 쿠션의 나머지 반쪽도 만들어준다.

13 쿠션의 윗면과 아랫면을 이을 때는 편물에 사용한 것과 같은 래그 얀으로 먼저 여러 번 꿰매어 튼튼하게 시작한다.

14 각 코마다 꿰매면서 편물을 이어나간다. 이때 지퍼를 달 수 있도록 65cm는 꿰매지 않고 남겨둔다. 끝부분에도 실을 여러 번 꿰매어 튼튼하게 마무리한다. 다 꿰맨 뒤에는 실을 잘라 끝이 보이지 않도록 정리해 넣는다.

15 지퍼를 달아준다.

16 이제 알사탕 쿠션이 완성되었다.

세 가지 쿠션

브라운 쿠션

사 이 즈	높이: 50cm, 폭: 50cm
코 바 늘	8.0mm (점보코바늘)
중 량	1.8kg
실	래그 러그 얀 (대체실: 딸리아)
기 타	지퍼 (50cm), 쿠션 솜

코랄 튜브 쿠션

사 이 즈	폭: 40cm, 지름: 20cm
코 바 늘	8.0mm (점보코바늘)
중 량	500g
실	랑 〈파레오〉 래그 얀 (대체실: 딸리아)
기 타	쿠션 솜

옐로 쿠션

사 이 즈	높이: 50cm, 폭: 25cm
코 바 늘	4.5mm (모사용 7.5호)
중 량	400g
실	래그 러그 얀 (대체실: 알비조, 스키니아란)
기 타	지퍼 (25cm), 쿠션 솜

코랄 튜브 쿠션
사슬뜨기 46코. 마지막 코를 첫 코에 짧은뜨기하여 원형으로
연결. 각 사슬코마다 짧은뜨기 1코씩. 계속해서 나선형으로 짧
은뜨기 하면서 54단. 실을 끊은 다음, 끝이 보이지 않도록 정
리해 넣기.

옐로 쿠션
사슬뜨기 66코. 마지막 코를 첫 코에 짧은뜨기하여 원형으로 연
결. 각 사슬코마다 짧은뜨기 1코씩. 계속해서 나선형으로 짧은
뜨기 하면서 80단. 마지막 단에 빼뜨기 1단 하여 지퍼를 달 자
리를 만들면서 마무리. 실을 끊은 다음, 끝이 보이지 않도록 정
리해 넣기.

브라운 쿠션
사슬뜨기 76코. 마지막 코를 첫 코에 짧은뜨기하여 원형으로 연
결. 각 사슬코마다 짧은뜨기 1코씩. 계속해서 나선형으로 짧은
뜨기 42단을 뜨거나, 가로와 세로가 같아질 때까지 뜨기. 실을
끊은 다음, 끝이 보이지 않도록 정리해 넣기. 실 굵기에 따라 완
성작의 크기가 달라진다는 점에 주의한다. 여기서는 가는 래그
러그 얀을 사용하였다.

코랄 튜브 쿠션

1 〈파레오〉 래그 얀으로 만든 쿠션은 감촉이 부드럽고 세탁
 이 가능하다는 장점이 있다. 더 굵은 코바늘로 뜨면 그물
 망 같은 느낌을 더 돋보이게 할 수 있다.

2 뜨기 과정이 끝난 편물 안에 쿠션 솜을 넣는다.

3 돗바늘을 코마다 통과시키면서 양 끝을 꿰맨다.

4 실 끝을 꽉 잡아당기고 매듭을 지어서 양 끝을 오므려준
 다. 실 끝은 보이지 않도록 안으로 정리해 넣는다. 고무줄
 을 이용해 양 끝을 마무리해주어도 좋다.

옐로 쿠션

1 돗바늘로 쿠션 커버의 아래쪽 가장자리를 코마다 통과
   하면서 꿰맨다.

2 바느질용 바늘로 쿠션 커버의 안쪽과 바깥쪽을 모두 통
   과하도록 꿰매면서 지퍼를 달아준다.

브라운 쿠션

1 돗바늘로 쿠션 커버의 위쪽 가장자리를 코마다 통과하
   면서 꿰맨다. 사진에서는 민트그린 색상 실로 편물과 대
   비되는 효과를 살렸다. 물론 쿠션과 같은 실을 이용해
   도 좋다.

2 바느질용 바늘로 쿠션 커버의 안쪽과 바깥쪽을 모두 통
   과하도록 꿰매면서 지퍼를 달아준다.

삼각 무늬 쿠션

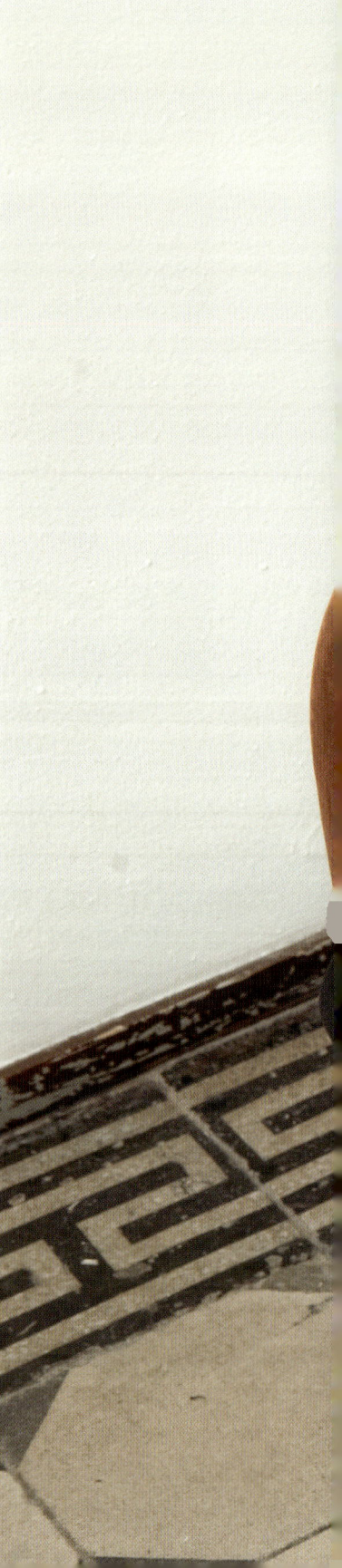

사 이 즈	지름: 16cm, 폭: 60cm
코 바 늘	4.5mm (모사용 7.5호)
중 량	550g
실	랑 〈빅 코튼〉 (대체실: 알비조, 스키니아란)
기 타	쿠션 솜

아프리카 스타일 직물과 1980년대에 유행한 비디오 게임 〈젤다의 전설〉에 등장하는 그래픽에서 영감을 얻어 삼각 무늬를 디자인해보았다. 게임에서 삼각형은 대체로 좌우대칭인 정삼각형이지만, 여기 사용한 쿠션 패턴은 오른쪽으로 약간 기울어진 형태다. 짧은뜨기를 하면 벽돌을 쌓듯이 겹쳐지는 모양이 나타나기 때문이다. 삼각 무늬 바구니(75쪽)와 이브닝 백(168쪽)에 사용한 패턴과 같은 모양이다. 굵은 실을 쓰면 이틀 밤 안에 쿠션 커버 한 장을 완성할 수 있다.

9

10

11

1   블랙 색상 실로 사슬뜨기 70코. 마지막 코를 첫 코에 짧은 뜨기하여 원형으로 연결하기. 짧은뜨기 1단.

2   **2단.** 브라운 색상 실을 걸어 뒤쪽으로 넣어 뜨면서, 블랙으로 짧은뜨기 8코. 다섯 번째 코에서 실을 바꾸기. 바늘을 코에 넣고 블랙 실을 걸어 빼낸 다음, 바늘에 브라운 실을 감으면 된다.

3   감은 브라운 실을 두 고리에서 한꺼번에 빼낸다. 이렇게 하면 바늘에는 브라운 고리 한 개만 남는다.

4   이제 다음 코를 뜰 차례다. 바늘을 코에 넣고 브라운 실을 걸어 빼낸 다음, 바늘에 블랙 실을 감는다.

5   감은 블랙 실을 두 고리에서 한꺼번에 빼낸다.

6   이번 단에서는 열 번째 코마다 브라운 실로 뜬다. 이때 쉬는 색상 실은 항상 함께 떠서 편물의 뒷면에 실이 늘어지지 않도록 한다.

7   **3단.** 블랙으로 짧은뜨기 7코. 브라운으로 바꾸고, 짧은뜨기 1코 더하기. 다음 코에서 블랙으로 바꾸기. 남은 부분도 패턴에 따라 계속한다.

8   삼각형 패턴은 9회 반복된다. 사진은 삼각형 패턴을 1회 마친 모습이다.

9   **11단.** 블랙으로 짧은뜨기 8코. 아홉 번째 코에서 실 바꾸기.

10 브라운 삼각형을 단마다 1코씩 늘리면서 패턴에 따라 계속 뜬다.

11 패턴을 9회 반복한다. 실을 끊고 끝이 보이지 않도록 정리해 넣는다. 이제 쿠션 커버가 완성되었다.

대각선 줄무늬 쿠션

사 이 즈	높이: 40cm, 폭: 40cm
코 바 늘	3.0mm (모사용 5호)
중 량	340g
실	데비 블리스 〈에코 베이비〉 코튼 얀
	(대체실: 동방18합, 탈레사)
기 타	지퍼 (40cm), 직물 테이프, 쿠션 솜

이 패턴은 2012년, 헬싱키에서 처음 뜨기 시작했다. 그리고 독일행 비행기에서도, 바이마르행 기차에서도 계속 떴다. 에커 만슈트라세에 도착한 뒤에 방에서도 이어서 떴다. 그렇게 뜨고 또 떠도 끝나지 않아서 거의 포기할 뻔했다. 그러나 참고 견딘 끝에 마침내 102단을 모두 마칠 수 있었다. 이렇게 힘든 과정 을 거치긴 했지만, 완성된 쿠션이 마음에 쏙 들어서 이 책에 소 개할 작품도 디자인해보았다.

지퍼를 다는 작업이 조금 번거로워도 이 과정을 거치면 쿠션 이 더욱 견고해진다.

1 블랙 실로 사슬뜨기 179코. 마지막 코를 첫 코와 짧은 뜨기로 연결해 원형으로 만들기. 짧은뜨기 1단. 화이트 실을 가져와 편물 뒤쪽으로 함께 뜨면서 블랙 실로 짧은 뜨기 13코. 다음 코에서 실 바꾸기. 바늘을 코에 넣어 블랙 실을 감아 빼낸 다음, 화이트 실을 바늘에 감으면 된다. 그리고 화이트 실을 두 고리에서 한꺼번에 빼내면, 바늘에 화이트 고리 한 개만 남는다. 짧은뜨기 14코. 15 번째 코에서 실 바꾸기. 실 바꾸는 방법은 32쪽을 참고하자. 이 패턴에서 줄무늬 폭은 짧은뜨기 15코다. 쉬는 실은 항상 함께 떠서 편물의 뒷면에 실이 늘어지지 않도록 한다. 총 102단을 뜨거나 가로와 세로 길이가 똑같아지도록 뜬다. 마지막으로 실을 잘라 끝이 보이지 않도록 정리해 넣는다.

2 　빼뜨기 1 난으로 가상사리를 튼튼하게 해순나.

3 　줄무늬가 이어지도록 위쪽 가장자리를 맞춘다.

4 　위쪽 가장자리를 작은 바늘땀으로 잇는다. 한 코마다 바
늘땀을 하나씩 만들어가며 꿰매면 된다.

5 　지퍼의 양 끝에 각각 직물 테이프로 고리를 만들어준다.

6 　작은 바늘땀으로 지퍼를 제자리에 꿰맨다.

지그재그 쿠션

사 이 즈   높이: 38cm, 폭: 38cm
코 바 늘   5.5mm (모사용 9호)
중 량   340g
실   랑 〈에스트렐라〉 롤드 래그 얀 (대체실: 딸리아)
기 타   지퍼 (35cm), 쿠션 솜

단숨에 뜰 수 있는 작은 지그재그 쿠션이다. 따라 하기 쉬운 기법이지만 콧수를 잘못 세지 않도록 주의해야 한다.

이 쿠션은 지그재그 가방(176쪽) 뜨는 법을 참고하여 뜨면 된다. 블랙 색상 실로 사슬뜨기를 99코하여 시작하고, 짧은뜨기로 마지막 코를 첫 코와 연결해 원통형을 만든다. 그리고 블랙으로 짧은뜨기 1단을 한다. 다음 단을 시작할 때는 블루그레이 색상 실을 편물의 뒤쪽으로 걸쳐준다.

이제 짧은뜨기 7코를 하고, 여덟 번째 코에서 실을 바꾼다. 바늘을 코에 넣고 블랙 실을 바늘에 감아 빼낸 다음, 블루그레이 실을 바늘에 감아 두 고리에서 한꺼번에 빼내면 된다. 이렇게 하면 바늘에는 블루그레이 고리 한 개만 남는다.

다음 코도 같은 방법으로 뜬다. 바늘을 코에 넣고 블루그레이 실을 감아 빼낸 다음, 블랙 실을 감아 두 고리에서 한꺼번에 빼낸다. 이렇게 하면 바늘에는 블랙 고리 한 개만 남는다.

이번 단의 아홉 번째 코마다 블루그레이 색상이 된다. 쉬는 실은 함께 떠서 편물의 뒷면에 실이 늘어지지 않도록 한다. 단마다 균일하게 늘리면서 지그재그 가방 패턴에 따라 계속 뜬다.

총 53단을 뜨거나, 가로와 세로 길이가 똑같아지도록 뜬다. 그리고 실을 잘라 끝이 보이지 않도록 정리해 넣는다. 이제 작은 바늘땀으로 쿠션의 위쪽 가장자리를 꿰맨다. 마지막으로 아래쪽 가장자리에는 지퍼를 달아준다.

러그

레이스 러그 S

사 이 즈   지름: 80cm
코 바 늘   10.0mm (점보코바늘)
중 량   2kg
실   파울라 굵은 트와인 (대체실: 동방24합 2겹, 딸리아)

레이스 러그를 처음 떠본다면 위험할 수도 있으니 조심해야 한
다. 만드는 데 딱 이틀 저녁 정도면 충분하지만, 완성작은 너무
근사해서 곧 하나를 더 만들게 될지 모르니까. 그리고 친구들이
러그를 보면, 결국 또 몇 점을 더 뜨게 될 테니 말이다.
이 방법을 응용하여 대형 러그를 뜰 수도 있다. 이때는 일정한 간
격을 두고 두길긴뜨기 단과 한길긴뜨기 단을 더해준다. 내가 만
든 가장 큰 러그는 지름이 2미터에 이르렀다. 게다가 러그를 세
탁하는 날이면 무게가 1톤쯤 되는 것처럼 느껴졌다.

TIP!
같은 치수의 레이스 러그를 6장 뜨고, 작은 원형 편물을 2장 떠
서 모두 연결해주면 큰 러그를 만들 수 있다.

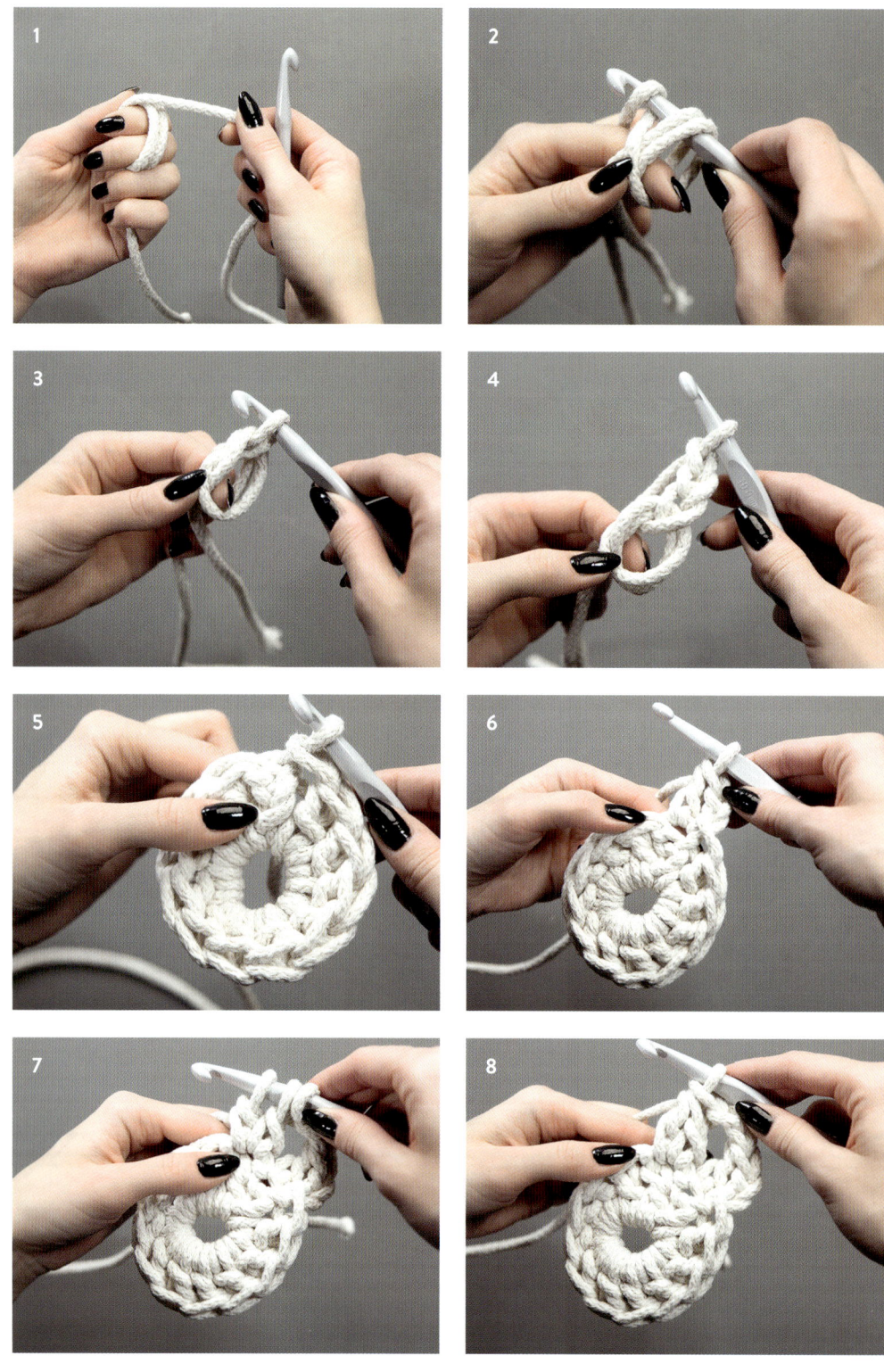

1   20cm 길이로 실을 잡고, 두 손가락에 두 번 감는다.

2   손가락으로 감은 고리에 바늘을 넣고, 바늘에 실을 건다.

3   실을 빼내고, 위쪽에서 다시 실을 걸어 코에서 실을 빼낸다. 이때 실로 만든 고리를 단단히 쥔다.

4   사슬뜨기 3코. 이 사슬코가 한길긴뜨기의 첫 번째 기둥이 된다.

5   원을 돌아가며 한길긴뜨기 11코. 단의 시작 부분에서 세 번째 사슬코에 빼뜨기를 하여 원형을 마무리한다. 총 12코.

6   **2단.** 사슬뜨기 2코, 바늘에 실 감기. 빼뜨기했던 코에 바늘을 넣어 코에서 실을 빼내고, 다시 바늘에 실을 감아 두 고리에서 빼낸다. 바늘에 다시 실을 감고, 바늘에 걸린 모든 고리에서 한꺼번에 빼낸다. 이렇게 하면 이번 단의 첫 번째 한길긴뜨기 2코 모아뜨기 코가 완성된다.

7   중간 사슬을 2코 만들기. 다음 코에 한길긴뜨기(2코가 걸린 상태)와 같은 방식으로 시작한다. 먼저 실을 바늘에 감고, 바늘을 코에 넣어 다시 실을 감아 코에 넣은 다음, 실을 감고 바늘에 걸린 두 코를 통해 실을 빼낸다. 이제 또 하나의 한길긴뜨기 받침코를 시작한다. 이렇게 하면 바늘에는 세 코가 걸린 상태다.

8   바늘에 실을 감고 바늘에 걸린 모든 코에서 실을 빼낸다. 이제 한길긴뜨기 2코 모아뜨기가 완성되었다.

9   각 코마다 한길긴뜨기 2코 모아뜨기, 코 사이에는 항상 사슬뜨기 3코. 단을 한 바퀴 뜨고 첫 번째 한길긴뜨기 코에 빼뜨기하여 원형을 마무리한다. 총 12코.

10 **3단.** 사슬뜨기 2코. 사슬뜨기 줄에 한길긴뜨기 1코. 이것이 첫 번째 한길긴뜨기 2코 모아뜨기다. 그 사이에 사슬뜨기 1코, 같은 사슬뜨기 줄에 한길긴뜨기 2코 모아뜨기 1코.

11 각 사슬뜨기 줄마다 한길긴뜨기 2코 모아뜨기를 계속하면서, 사이에는 사슬뜨기 1코씩. 빼뜨기로 단을 마무리한다. 한길긴뜨기 2코 모아뜨기 총24코.

20

12 **4단.** 각 사슬뜨기 고리마다 한길긴뜨기 2코 모아뜨기, 그 사이에는 사슬뜨기 2코. 빼뜨기로 단을 마무리한다. 한길긴뜨기 2코 모아뜨기 총 24코.

13 **5단.** 한길긴뜨기 단. 사슬뜨기 3코, 각 한길긴뜨기 2코 모아뜨기 코에 한길긴뜨기 1코씩, 각 사슬뜨기 고리에 는 한길긴뜨기 2코씩. 첫 부분의 사슬코들이 첫 번째 한 길긴뜨기를 만든다. 빼뜨기로 단을 마무리한다. 한길긴 뜨기 총 72코.

14 **6단.** 한길긴뜨기 단. 5단과 같은 방법.
7단. 한길긴뜨기 코에 번갈아서 한길긴뜨기 2코 모아뜨 기 1코씩, 그 사이에는 사슬뜨기 2코. 빼뜨기로 단을 마 무리한다. 한길긴뜨기 2코 모아뜨기 총 36코.

15 **8단.** 한길긴뜨기 단. 5단과 같은 방법.

16 **9단.** 사슬뜨기 5코, 한길긴뜨기 코마다 한길긴뜨기 1코 씩, 그 사이에는 사슬뜨기 2코. 첫 부분의 사슬뜨기 코가 첫 번째 한길긴뜨기를 만든다. 빼뜨기로 단을 마무리한 다. 한길긴뜨기 총 54코.

17 **10단.** 각 한길긴뜨기 코마다 한길긴뜨기 2코 모아뜨기 1코씩, 그 사이에는 사슬뜨기 2코. 빼뜨기로 단을 마무 리한다.

18 **11단.** 러그 가장자리: 사슬뜨기 4코. 사슬뜨기 줄을 짧 은뜨기로 한길긴뜨기 2코 모아뜨기에 연결한다. 다음 사 슬뜨기 줄을 위해 사슬뜨기 3코. 사슬뜨기 줄을 짧은뜨 기로 한길긴뜨기 2코 모아뜨기에 연결한다. 단을 따라 반복하고 빼뜨기로 마무리한다.

19 **12단.** 11단과 같은 방법. 빼뜨기로 단을 마무리한다. 실 을 끊고 끝이 보이지 않도록 정리해 넣는다.

20 이제 러그가 완성되었다.

레이스 러그 M

사 이 즈	지름: 90cm
코 바 늘	10.0mm (점보코바늘)
중 량	1kg
실	래그 러그 얀 (대체실: 파빠르, 딸리아)

중간 크기의 러그는 8단까지는 102쪽에서 소개한 소형 러그와 같은 방법으로 뜨며, 단을 끝낼 때는 빼뜨기로 마무리한다.

9단. 한길긴뜨기 단. 8단과 같은 방법.

10단. 사슬뜨기 4코. 1코마다 번갈아서 긴뜨기 1코, 그 사이에는 사슬뜨기 2코. 긴뜨기는 한길긴뜨기와 마찬가지로 시작한다. 바늘에 3코가 남을 때까지 계속한 다음, 바늘에 실을 걸고 남은 3코를 통해 한꺼번에 빼낸다.

11단. 사슬뜨기 2코. 긴뜨기 코마다 한길긴뜨기 2코 모아뜨기 1코, 그 사이에는 사슬뜨기 2코.

12단. 사슬뜨기 3코. 한길긴뜨기 2코 모아뜨기 자리에 긴뜨기 1코, 그 사이에는 사슬뜨기 2코.

13단. 사슬뜨기 3코. 한길긴뜨기 단. 사슬뜨기 줄마다 한길긴뜨기 2코, 긴뜨기 코마다 한길긴뜨기 1코.

14단. 사슬뜨기 3코, 1코 거르기, 짧은뜨기 1코. 사슬뜨기 1코, 1코 거르기, 짧은뜨기 1코. 단의 끝까지 반복한다.

15단. 러그 가장자리: 사슬뜨기 4코, 앞 단의 짧은뜨기에 빼뜨기로 연결한다. 사슬뜨기 3코, 짧은뜨기에 연결한다. 단의 끝까지 반복하고, 실을 잘라 끝이 보이지 않게 정리해 넣는다.

육각형 러그

🧶 🧶 🧶

사 이 즈	지름: 150cm
코 바 늘	10.0mm (점보코바늘)
중 량	5.5kg
실	파울라 굵은 트와인 (대체실: 파빠르, 딸리아)

요즘은 육각형이 대세! 멋스러운 육각형은 인테리어 잡지에 자주 보이는 단골 소재다. 육각형은 실용적이면서도 유행에 뒤떨어지지 않고, 코바늘뜨기에도 적합한 모양이다.

이 육각형 러그는 거실 가운데에 놓을 만큼 넉넉한 크기이지만, 작게 떠도 좋다. 줄무늬 폭을 다르게 하거나, 다양한 색실로 혹은 단색으로 뜨는 등 다양하게 응용할 수 있다. 이 패턴에는 굵은 트와인이 사용되지만, 래그 러그 안을 두 겹으로 겹쳐서 사용하거나 후크드 즈파게티 안을 사용해도 좋다.

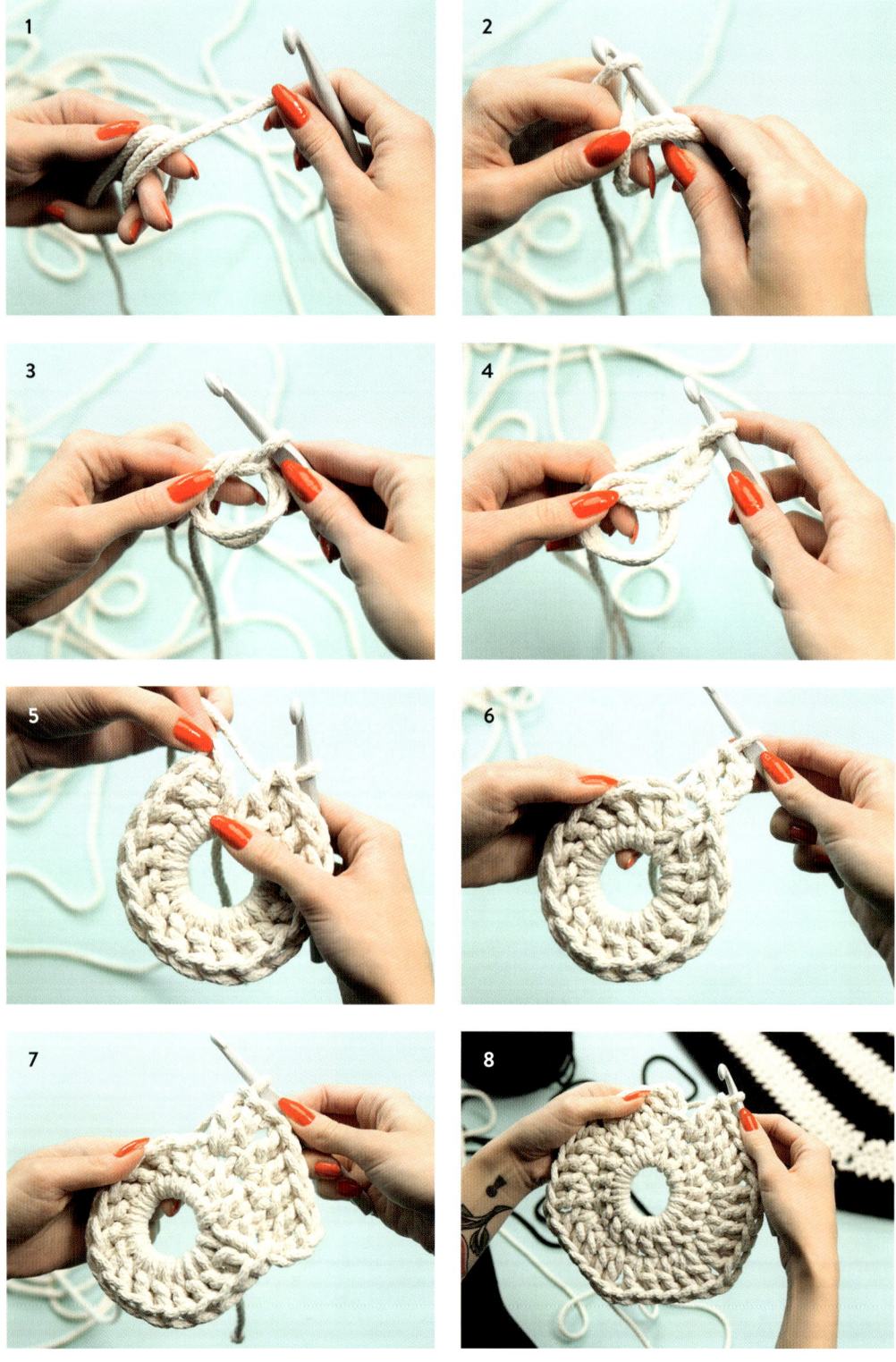

1. 20cm 길이로 화이트 색상 실을 잡아 두 손가락에 두 번 감는다.

2. 손가락으로 감은 고리에 바늘을 넣고 바늘에 실을 건다.

3. 실을 빼낸다. 감은 고리는 단단히 쥔다.

4. 사슬뜨기 3코. 이것이 첫 번째 한길긴뜨기 코를 만든다.

5. 원을 돌아가며 한길긴뜨기 17코. 첫 번째 코까지 포함하여 원에는 총 18코. 세 번째 사슬코에 빼뜨기하여 원형을 마무리한다.

6. **2단.** 사슬뜨기 3코, 같은 코에 한길긴뜨기 1코.

7. 다음 코에 한길긴뜨기 1코, 그리고 그 다음에 한길긴뜨기 2코. 그 사이에 사슬뜨기 1코. 다음 코에 한길긴뜨기 2코.

8. (한길긴뜨기 2코, 한길긴뜨기 1코, 한길긴뜨기 2코, 한길긴뜨기 2코)를 6회 반복한다.

9. 화이트 실로 사슬뜨기 1코, 빼뜨기로 단을 마무리하면서 블랙으로 실을 바꾼다.

10. 사슬코에서 바꾸어줄 색실과 함께 빼뜨기 고리를 빼낸다. 화이트 실은 자르지 않고 편물의 뒤쪽에 계속 남겨둔다.

11. **3단.** 사슬뜨기 3코로 시작.

12. 같은 코에 한길긴뜨기 1코. 다음 세 코에 각각 한길긴뜨기 1코, 다음 코에 한길긴뜨기 2코, 사슬뜨기 1코. 6회 반복한다.

13 빼뜨기로 원통형을 마무리한다. 한길긴뜨기 총 42코.

14 **4단.** 사슬뜨기 3코, 같은 코에 한길긴뜨기 1코. 다음 다섯 코에 각각 한길긴뜨기 1코씩, 다음 코에 한길긴뜨기 2코, 그 사이에 사슬뜨기 1코. 반복한다.

15 **5단.** 실 바꾸기. 편물 뒤쪽에 있던 실을 가져와서 앞에서 한 것처럼 빼뜨기로 실을 바꾼다.

16 육각형은 한길긴뜨기 2개와 사슬뜨기 1개의 모둠으로 형성된다. 한길긴뜨기는 각진 모서리 사이에 온다.

17 러그가 늘어날 수도 있으니 코를 다시 다듬어주자.

18 쉬는 실은 중앙에서 출발하여 각진 모서리를 향해 간다. 이 실을 가는 재봉실로 한길긴뜨기 코에 꿰매어 러그 겉면에서 보이지 않게 하면 좋다.

같은 패턴으로 계속해서 뜬다. 여기 제시된 실은 지름 150cm 러그에 사용된 양이지만, 더 크거나 작게 뜰 수도 있다. 뜨는 도중에 실을 다 썼다면, 실 끝을 묶거나 32쪽의 설명에 따라 보이지 않게 실을 바꾸면 된다. 패턴을 모두 떴으면 실을 잘라 정리한 다음, 가는 재봉실로 러그 뒷면에 보이지 않게 꿰맨다.

인테리어 소품

전등갓

코 바 늘	7.0mm (점보코바늘 또는 모사용 10.5호)
실	에스터리 파이버 코드(Esteri fibre cord)
	(대체실: 텐드레스 2겹)
기 타	전등갓 틀

낡은 전등갓에 코바늘 뜨개로 옷을 입혀 가볍고 모던하게 변신시켜 보자. 이 패턴에는 다양한 종류의 전등갓 틀을 사용할 수 있다. 천장에 다는 등이든 바닥에 세워두는 조명등이든 상관없이 와이어로 틀을 만든 전등갓만 있다면 어디에든 응용할 수 있다. 전등 기구는 벼룩시장이나 조명 상점에서 구입할 수 있고, 앤티크 상점에서는 좀 더 장식이 들어간 조명들도 찾아볼 수 있다. 편물을 뜨기에 앞서 전등갓에 씌워진 원단이나 커버를 벗기고, 접착제와 페인트가 남아 있으면 제거한다. 여기서 사용한 전등갓은 원래 오래된 플로어 스탠드에 있던 것이지만, 천장 전등 기구와도 규격이 맞아서 사진처럼 천장에 달 수 있었다. 디자이너 조명 상점에서도 비슷한 디자인을 찾을 수 있다. 이 방법은 저렴한 비용을 들여 우리 집을 재미있는 스타일로 꾸미기 위해 내가 실제로 활용한 아이디어다. 실은 후크드 즈파게티 얀이나 가는 러그 얀을 대신 사용해도 좋다.

가는 러그 코드 실을 씌운 여러 가지 전등갓들. 사진 속 전등
갓 중 일부는 1950년대에 생산된 것도 있고, 나머지들은 새
제품이다. 이 기법으로 다양한 전등갓에 커버를 씌울 수 있다.

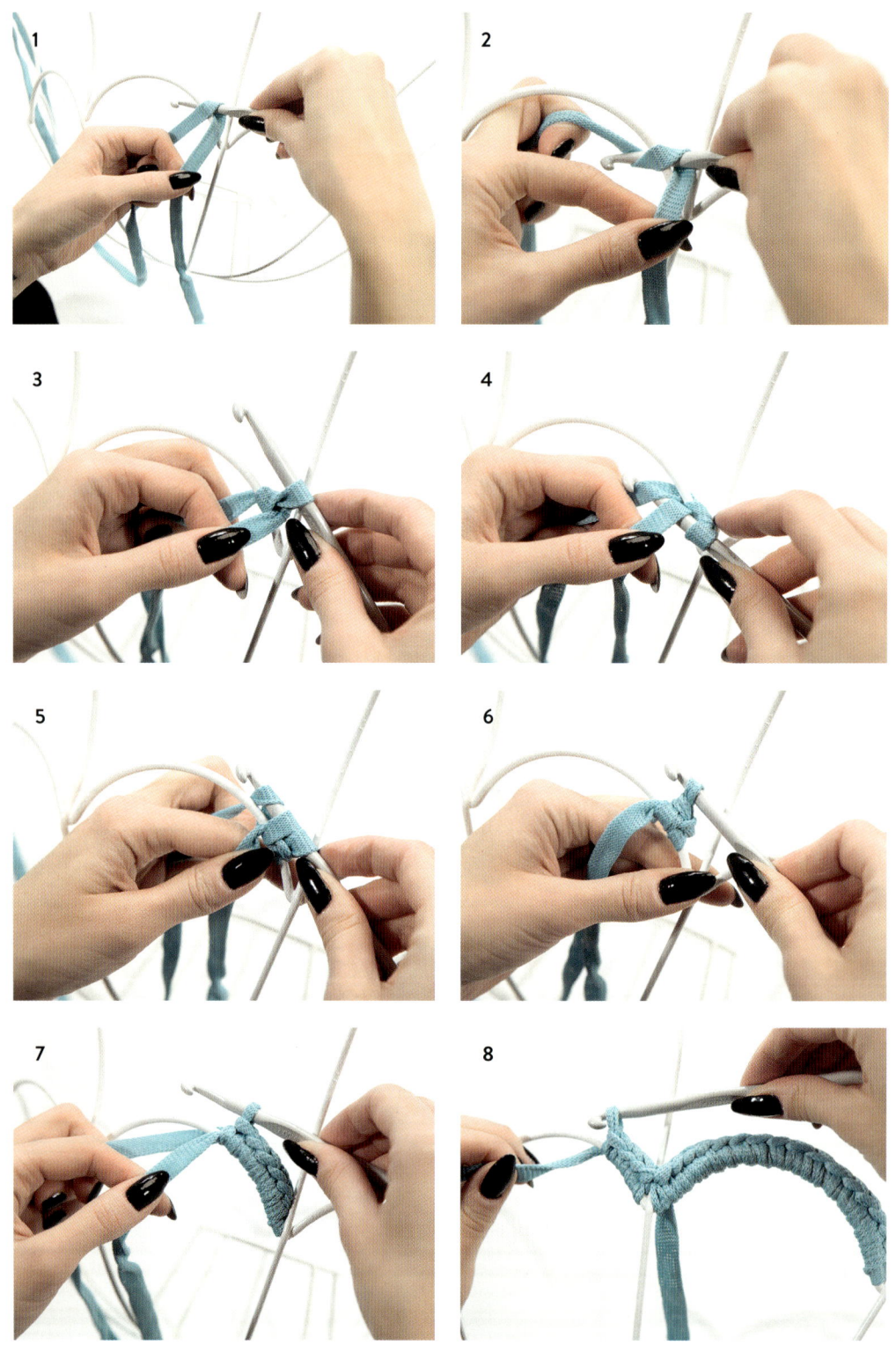

9

1   사진처럼 실을 잡은 자세로 시작한다. 코바늘은 전능갓틀의 아래쪽에 둔다.

2   실을 바늘에 감는다.

3   실을 빼낸다. 항상 실 끝을 쥐고 있어야 한다.

4   아래쪽 실을 바늘에 감는다.

5   위쪽 실을 바늘에 감는다.

6   실을 빼낸다. 이렇게 하면 첫 번째 짧은뜨기가 완성된다.

7   짧은뜨기를 계속한다. 실 끝은 계속 코 안으로 걸쳐 넣어서, 따로 마무리하지 않아도 되도록 한다.

8   코를 빽빽하게 밀어가며 필요한 콧수만큼 뜨고, 한두 코 정도 더 뜬다. 와이어의 연결 부분은 건너뛰고 짧은뜨기를 계속한다.

10

9   앞에서 뜬 콧수를 세어보고, 동일한 길이의 와이어에 동일한 콧수가 들어가도록 뜬다. 끝까지 다 뜬 다음에는 실을 자르고 마지막 코에 실을 통과시킨다.

10   다음 부분을 뜰 때는 1번 설명과 같이 다시 시작한다. 실 끝은 편물 뒤쪽으로 걸쳐 함께 뜨며 짧은뜨기를 한다. 연결 부분을 넘어가는 코는 다른 코보다 조금 더 길어진다.

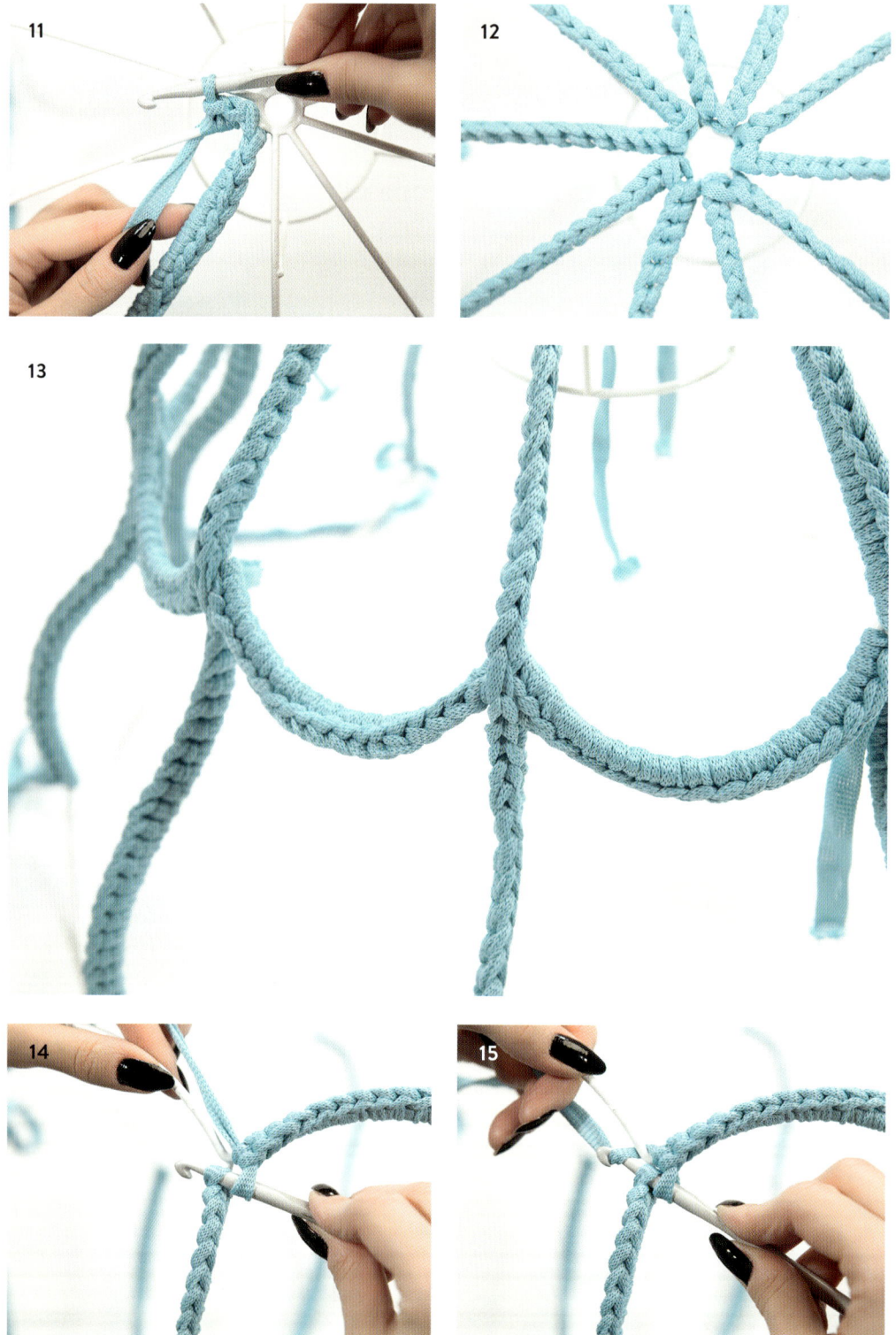

11 방향을 바꿀 때는 실을 자르지 않고 짧은뜨기를 계속한다.

12 사진은 전등갓의 윗부분이다.

13 사진은 가장 마지막 단을 뜨기 전 단계의 전등갓 모습이다.

14 마지막 단에서는 바늘을 이미 떠 놓은 부분에 넣는다.

15 와이어의 아래쪽에서 실을 바늘에 건다.

16 와이어의 위쪽에서 실을 바늘에 건다.

17 바늘에 걸린 고리에서 실을 빼낸다. 이렇게 하면 코가 프레임에서 이리저리 움직이지 않게 된다.

18 마지막 와이어의 끝까지 뜬 후, 첫 코에 빼뜨기 1코를 하면서 마무리한다.

19 실을 자르고 실 끝을 코 안으로 넣는다.

20 걸쳐 뜬 실 끝을 잘라 정리한다.

21 이제 전등갓이 완성되었다.

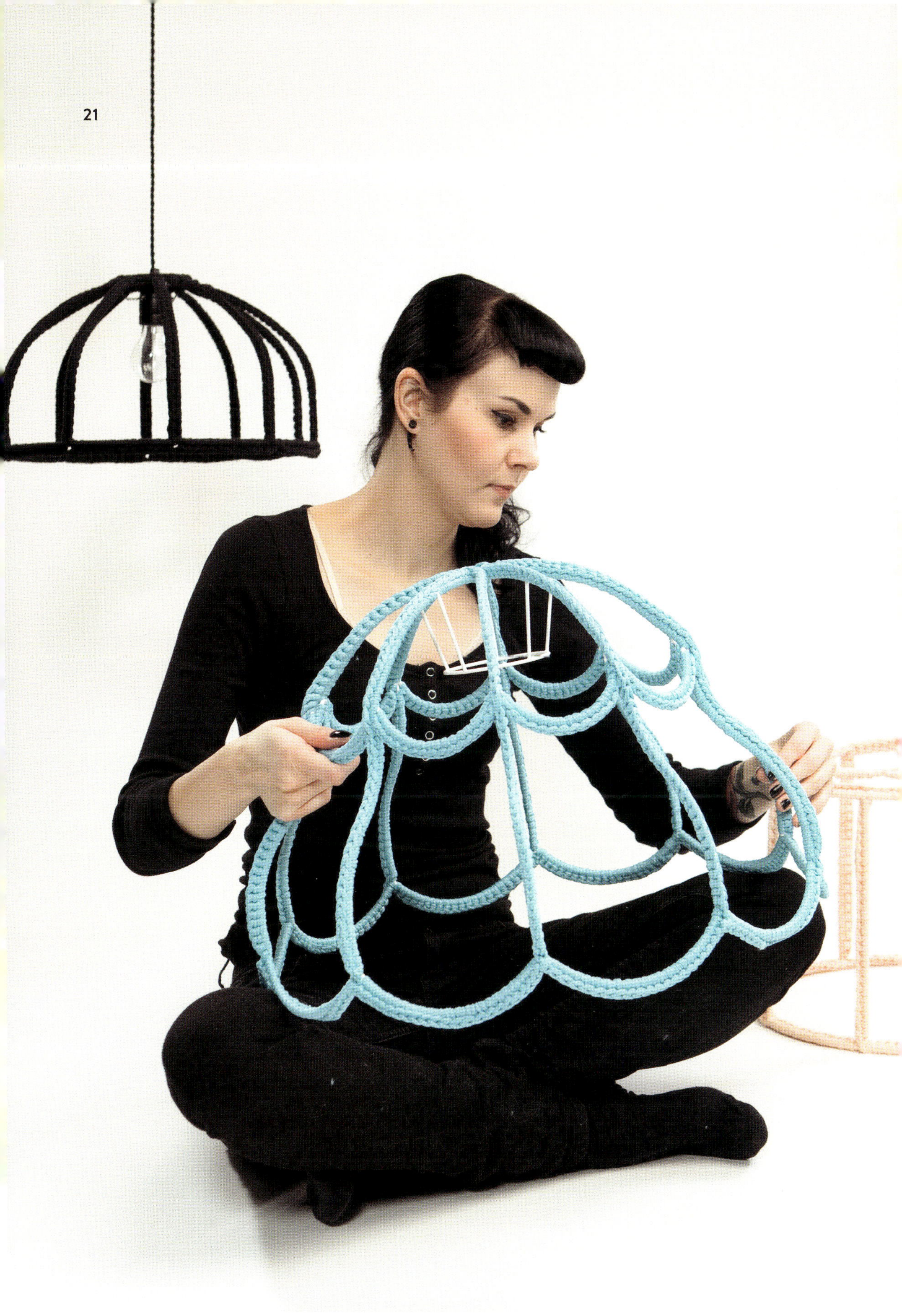

전선 커버

코 바 늘 3.0mm (모사용 5호)
실 데비 블리스 〈에코 베이비〉 코튼 얀
(대체실: 탈레사, 텐드레스)
기 타 전선

보기 싫은 전선을 손뜨개 커버로 가려보자. 이 커버는 다양한 실을 이용해 간단한 기법으로 뜰 수 있다. 여기서는 3m 길이에 맞추어 패턴을 만들었지만, 여러분은 필요한 길이에 맞게 뜨면 된다. 이 샘플처럼 전기 기기에 연결되지 않은 전선이나 또는 연결되어 있는 전선 모두에 커버를 씌울 수 있다. 전선이 손상되거나 실이 전기 부품을 건드려 작동에 방해되는 일이 없도록 항상 주의하도록 한다.

TIP!
헤드폰에 달린 전선에는 가느다란 코튼 펄 얀을 사용하여 아주 얄팍한 커버를 씌워보자.

1

2

3

4

5

6

7

8

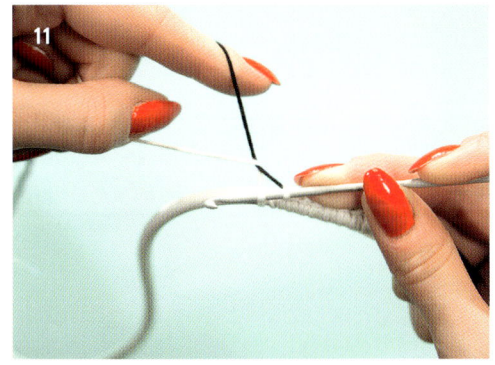

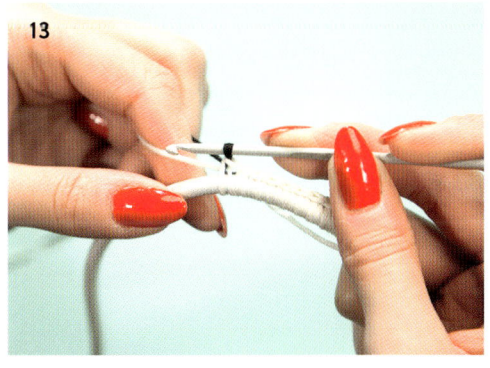

6 바늘에 걸린 코들에서 실을 빼낸다. 이렇게 하면 첫 번째 짧은뜨기가 완성된다.

7 블랙 실로 짧은뜨기 10코.

8 화이트 색상 실로 바꾸어 바늘에 실을 감는다.

9 바늘에 걸린 코들에서 실을 빼낸다.

10 아래에서 실을 바늘에 감고, 위에서 다시 실을 바늘에 감는다.

11 화이트 실로 짧은뜨기 9코. 이때 블랙 실을 잡아당기면서 떠야 화이트 실로 만든 코 사이에 블랙 실이 늘어지지 않는다. 열 번째 코는 두 색실을 교차하면서 화이트 실을 바늘에 감아서 시작한다.

12 실을 바꾸어 블랙 실을 바늘에 감는다.

13 블랙 실로 짧은뜨기한다.

1 사진처럼 블랙 색상 실을 쥐고 시작한다. 실의 끝 가닥은 쓰지 않는다.

2 전선 위에서 실을 바늘에 감는다.

3 바늘에 걸린 고리에서 실을 빼낸다. 실 끝은 언제나 단단히 쥐고 있어야 한다.

4 전선 아래에서 실을 바늘에 감는다.

5 실을 한 코에서 빼낸 다음, 바늘에 실을 감는다.

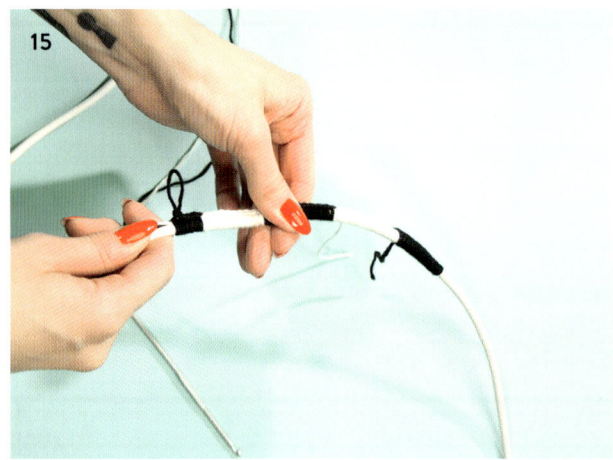

14 블랙으로 짧은뜨기 9코. 열 번째 코에서 화이트 실로 바꾸기. 쉬는 실은 편물의 뒤로 걸치면서 함께 뜬다.

15 코가 고르게 놓이도록 살살 움직여 다듬어준다. 이때 너무 많이 움직이면 줄무늬가 균일하지 않게 되므로 주의한다.

16 마지막 줄무늬까지 뜬 다음에는 실을 잘라 끝이 보이지 않도록 정리해 넣는다.

17 이제 전선 커버가 완성되었다.

뜨개 체인

사 이 즈   2.3m
코 바 늘   5.5mm (모사용 9호)
중 량   300g
실   랑 〈에스트렐라〉 롤드 래그 얀
   (대체실: 라피도, 텐드레스 2겹)

뜨개 체인은 언제나 사랑받는 아이템이다. 다양하게 이용할 수 있는 데다 튼튼하고 세탁도 가능하기 때문이다. 무엇보다 첫눈에는 전혀 손뜨개로 만든 것처럼 보이지 않기 때문에, 더욱더 시선을 끌게 된다. 어떻게 편물 체인이 하나씩 따로 움직이면서도 서로 연결되어 있는지 보는 이들의 궁금증을 자아내는데, 그 비법은 각각 따로 뜬 체인들을 사슬뜨기로 연결하는 방법에 있다. 뜨개 체인은 필요에 따라 적절한 중량과 강도의 실을 골라서 여러 가지 용도로 쓸 수 있다. 가느다란 실로 액세서리를, 굵은 실로는 독특한 인테리어 소품을 만들 수도 있다. 인테리어 소품용으로는 세탁이 가능한 실이 적당하고, 실에 맞는 코바늘 중에서 최대한 가는 바늘을 써야 촘촘하게 뜰 수 있어서 좋다. 뜨개 체인은 만드는 사람이 원하는 용도에 맞게 얼마든지 응용할 수 있다. 망설이지 말고 소개된 방법을 마음껏 변형하여 원하는 작품을 만들어보자.

1

2

3

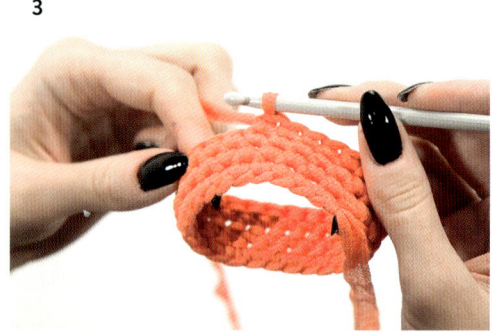

4

5

6

7

8

9

10

11

1 사슬뜨기 25코. 짧은뜨기로 마지막 코를 첫 코와 연결해 고리 모양을 만든다.

2 각 사슬코마다 짧은뜨기 1코.

3 원형으로 뜨면서 각 코마다 짧은뜨기.

4 첫 코 위에서 단을 끝내면서, 짧은뜨기로 5단까지 뜨기.

5 실을 40cm 정도 남기고 자른다.

6 실을 마지막 코에 통과시켜 빼내고, 돗바늘에 꿴다. 겉면 이 바깥쪽으로 나오도록 편물을 반으로 접는다.

7 돗바늘로 편물 코를 하나씩 통과하면서 가장자리를 돌아가며 맞춰 꿰맨다.

8 실 끝을 묶는다.

9 코바늘을 이용해 실을 편물 안쪽으로 넣어 감춘다.

10 실 끝이 삐져나온 부분이 있으면 잘라 정리한다.

11 꿰맨 가장자리 쪽이 안으로 들어가도록 손질하며 편물을 돌린다.

12

13

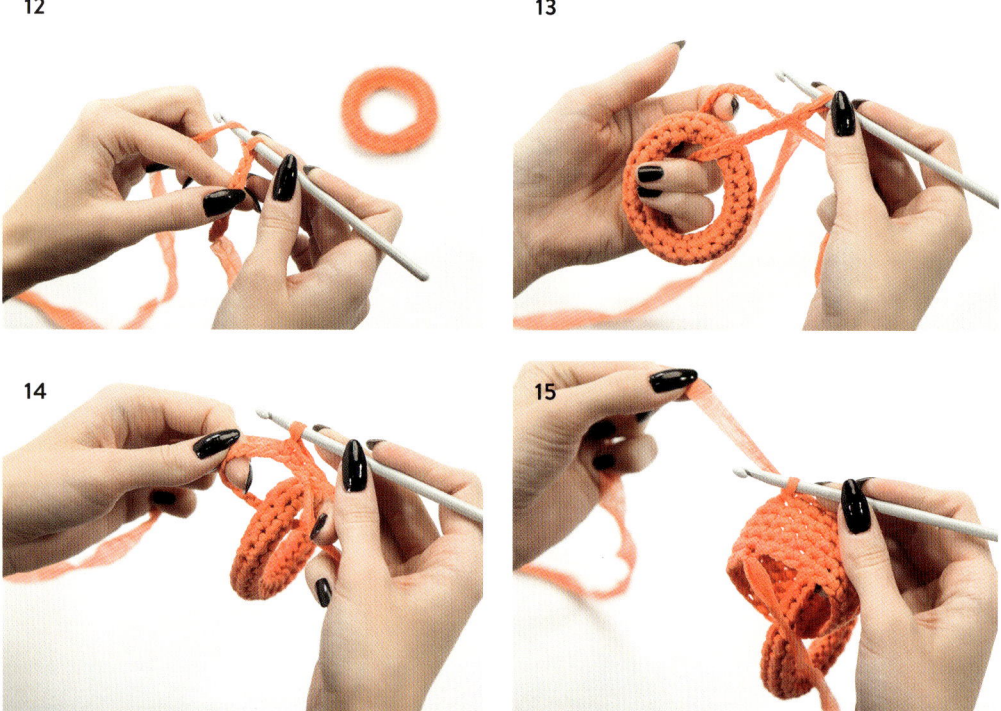

14

15

16

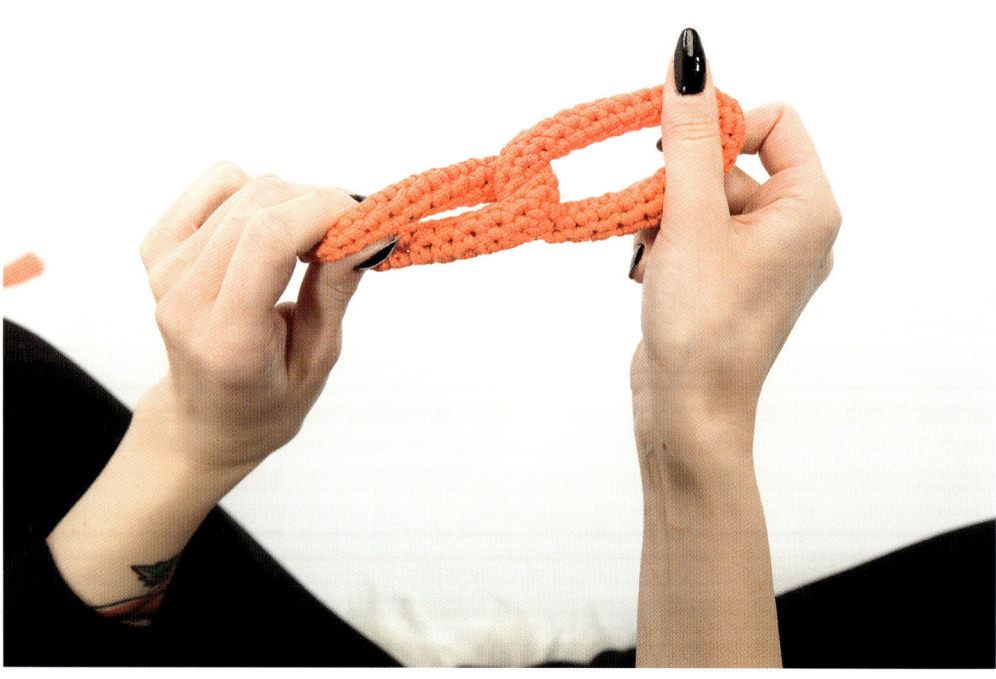

12 두 번째 체인을 뜬다. 사슬뜨기 25코로 시작한다.

13 첫 번째 체인 안에 사슬뜨기한 코를 넣는다.

14 짧은뜨기로 마지막 코와 첫 코를 연결한 다음, 첫 번째
    체인과 같은 방법으로 뜬다.

15 5단을 뜬 다음, 편물을 반으로 접어서 가장자리를 맞추
    어 꿰맨다.

16 이제 체인이 2개 연결되었다. 여기에 같은 방법으로 계
    속 체인을 연결해나간다.

굵기가 다양한 실로 뜬 뜨개 체인들
사진의 가장 위쪽에 있는 체인은 래그 러그 얀, 그 아래는 롤드 래그 얀을 사용해
만들었다. 회색과 청록색 체인들은 독일의 어느 슈퍼마켓에서 구입한 코튼 얀으
로 뜬 것이다. 아래쪽에 있는 복숭아색의 긴 액세서리 체인은 디엠씨 〈페트라〉
코튼 펄 5, 산호색의 짧은 체인은 크루엘 얀(자수용 털실)을 이용했다.

액세서리

가방과 파우치

태블릿 케이스

사 이 즈	폭: 18cm, 높이: 28cm
코 바 늘	3.0mm (모사용 5호)
중 량	130g
실	데비 블리스 〈에코 베이비〉 코튼 얀
	(대체실: 탈레사, 동방18합)
기 타	똑딱단추

손뜨개 케이스로 소중한 전자기기를 보호하자. 이 케이스에는 휴대폰, 카메라, 태블릿을 넣을 수 있다. 필요에 따라 자신의 기기에 맞는 크기로 조절하여 만들어도 좋다. 더 크게 만들고 싶다면 줄무늬를 몇 개만 더해주면 된다.
이 대각선 줄무늬 케이스는 공정무역 코튼 얀을 이용해 떴다. 굵기가 적당하고 무겁지 않으면서도 내용물을 보호할 수 있는 실이다. 케이스 입구에는 똑딱단추를 달아 잠글 수 있게 만들었다.

TIP!
케이스 안쪽에 부드러운 플란넬 원단을 덧대면 좋다. 내구성이 더 좋아질 뿐만 아니라, 액정에 묻은 지문을 닦아주는 효과도 볼 수 있다.

1. 블랙 색상 실로 사슬뜨기 83코. 첫 코와 마지막 코를 짧은뜨기로 이어서 원형을 만든다.

2. 화이트 색상 실은 편물의 뒷면에 걸쳐서 코 안으로 함께 뜬다. 블랙 실로 짧은뜨기 5코.

3. 실을 바꾼다. 코 안으로 바늘을 넣어 블랙 실을 바늘에 걸고 코에서 실을 빼낸 다음, 화이트 실로 바꾼다.

4. 화이트 실을 두 고리에서 한꺼번에 빼낸다. 이렇게 하면 바늘에는 화이트 고리 한 개만 남는다.

5. 화이트 실로 짧은뜨기 5코. 여섯 번째 코에서 블랙 실로 바꾼다.

6. 대각선 줄무늬의 폭은 짧은뜨기 6코이고, 실은 여섯 번째 코마다 바꾼다. 쉬는 실은 편물의 뒤에 걸쳐 함께 떠서 실이 늘어지지 않도록 한다.

7. 단의 끝 부분에서 화이트 실로 짧은뜨기 5코. 여섯 번째 코를 첫 코(블랙)에 뜬다.

8. **2단.** 블랙 실로 짧은뜨기 5코하고 여섯 번째 코에서 화이트 실로 바꾸기.

9. 짧은뜨기는 벽돌을 쌓은 모양처럼 겹쳐지므로 자연히 줄무늬가 사선으로 기울어지게 된다. 따라서 이 기법으로 수직선 줄무늬를 뜰 수는 없다.

10. 위와 같은 방법으로 70단까지 계속한다. 사진은 9단까지 뜬 모습이다.

11. 안으로 접어 넣을 단 부분은 바늘을 코의 뒤로 넣어 뜨면서 짧은뜨기 2단을 더해 만든다(짧은뜨기 이랑뜨기). 그런 다음 실을 자른다.

12 편물의 안쪽이 밖으로 보이도록 뒤집은 뒤, 단 부분을 접어 핀으로 고정한다. 코마다 바늘을 넣어가며 접은 가장자리 단을 꿰맨 다음 실을 자른다.

13 줄무늬가 잘 연결되도록 아래쪽 가장자리를 맞추어 핀으로 고정한다. 코마다 바늘을 넣어가며 아래쪽 가장자리를 꿰매어 막는다.

14 위쪽 입구의 가운데에 똑딱단추를 달 위치를 표시한 다음, 단추를 꿰매어 단다.

15 이제 태블릿 케이스가 완성되었다.

153

휴대폰 케이스

사 이 즈   폭: 8cm, 높이: 14cm
코 바 늘   3.0mm (모사용 5호)
중 량   50g
실   데비 블리스 〈에코 베이비〉 코튼 얀
　　　　(대체실: 탈레사, 동방24합)
기 타   똑딱단추

태블릿 케이스와 세트를 이루는 깜찍한 휴대폰 케이스다. 동일한 기법으로 뜨지만, 줄무늬 폭이 약간 좁다.

먼저 블랙 색상 실로 사슬뜨기 41코를 한다. 양 끝을 짧은뜨기로 연결하여 원통형으로 만든다. 화이트 색상 실은 코 안으로 넣어가며 편물의 뒷면에 걸쳐 뜬다. 블랙 실로 짧은뜨기 2코를 한 다음, 세 번째 코에서 화이트 실로 바꾼다. 줄무늬의 폭은 짧은뜨기 3코다. 쉬는 실은 항상 편물의 뒷면에 걸쳐 떠서 늘어지는 실이 없도록 하고, 짧은뜨기를 계속한다. 실 색을 바꾸는 방법은 32쪽 설명을 참고하자.

위와 같은 방법으로 32단을 뜬다. 케이스의 위쪽 가장자리는 바늘을 코의 뒤쪽으로 넣어서 뜬다(짧은뜨기 이랑뜨기). 짧은뜨기를 2단 한 다음, 실을 자른다.

줄무늬가 연결되도록 아래쪽 가장자리를 돌려서 잘 맞춘다. 그리고 아래쪽을 꿰매어 구멍을 막는다. 편물의 안쪽이 겉으로 나오도록 뒤집은 다음, 위쪽 단 부분을 접어 내리고 코마다 바늘을 넣어서 꿰맨다. 실을 자르고, 마지막으로 똑딱단추를 단다.

롱샴 스타일 가방

사 이 즈	폭: 35cm, 높이: 25cm
코 바 늘	4.5mm (모사용 7.5호)
중 량	380g
실	데비 블리스 〈에코 베이비〉 코튼 안
	(대체실: 알비조, 스키니아란)
기 타	지퍼 (30cm), 안감용 원단, 가방끈, 직물 테이프

항상 높은 인기를 누리는 롱샴 가방에서 형태를 본떠 쓰임새가
많은 가방을 디자인해 보았다. 롱샴은 1940년대에 창립된 프
랑스 패션 회사로, 여기서 선보인 제품들은 수많은 모방품을 낳
았다. 나도 나만의 버전을 한번 만들어 보았다.
가방 입구에는 지퍼를 달았다. 지퍼는 양쪽에서 열리는 종류를
고르도록 한다. 안감용 원단은 세탁이 가능하다면 무엇이든 사
용할 수 있지만, 견고한 면직물이 가장 좋다. 가방끈은 가는 가
죽 벨트를 이용하면 된다. 그리고 끈 사이에 자신만의 라벨을 달
아서 마무리하자. 라벨 만드는 방법은 246쪽 설명을 참고한다.

롱샴 스타일 가방 뜨는 법
사슬뜨기 100코를 한 다음, 짧은뜨기로 양 끝을 연결하여 원통형
으로 만든다. 계속해서 매 코마다 짧은뜨기를 하며 원형으로 진행해
나간다. 총 50단. 실을 자르고, 끝이 보이지 않도록 깔끔하게 넣는다.

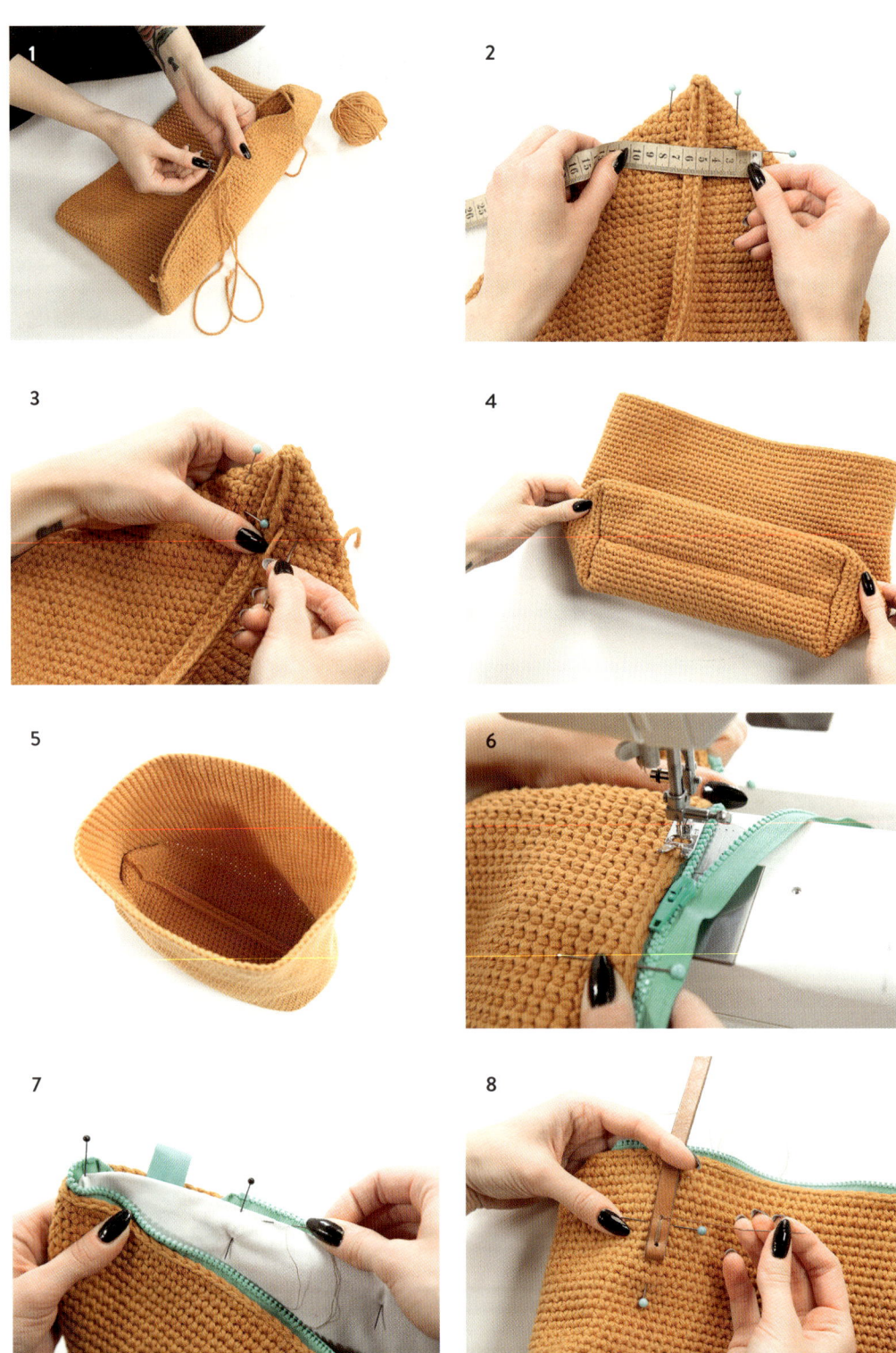

9

1   가방 아래쪽 가장자리의 코마다 바늘을 넣어서 밑면을 꿰맨다.

2   꿰맨 솔기가 가운데에 오도록 가방을 펼쳐 놓는다. 이렇게 하면 가방 밑면의 양 끝에 삼각형이 생긴다. 이 삼각형의 밑변이 10cm 길이가 되는 위치에 수평선을 표시해둔다.

3   박음질로 표시해둔 수평선을 따라 꿰맨다.

4   이제 가방 밑면이 완성되었다. 이렇게 양쪽 모서리를 꿰매면, 가방 안쪽의 공간이 넉넉해진다.

5   가방 안쪽의 높이와 폭을 잰 다음, 여기에 시접 분량을 더해(165쪽 참고) 안감용 원단을 마름질한다. 안감의 옆 솔기를 꿰매고 밑면도 가방과 마찬가지로, 양쪽 모서리에 10cm 길이로 수평선을 바느질해준다.

6   재봉틀이나 손바느질을 이용해 지퍼를 가방 위쪽에 단다.

7   직물 테이프로 지퍼 손잡이를 만들어 가방 위쪽에 단다. 안감 위쪽 가장자리의 시접 분량을 접은 뒤에, 가방의 안쪽에 손바느질로 안감을 단다.

8   가방끈을 달 위치를 표시한 다음, 가방에 끈을 단다.

9   직물 테이프로 만든 라벨을 가방 앞면에 단다.

10 이제 가방이 완성되었다.

10

대각선 줄무늬 가방

사 이 즈 폭: 28cm, 높이: 20cm
코 바 늘 2.0mm (모사용 2호)
중 량 300g
실 리나 피시 넷 트와인, 12겹 (대체실: 기자, 코메타)
기 타 안감용 원단, 가방끈, 큰 똑딱단추

피시 넷 트와인으로 뜬 대각선 줄무늬 가방이다. 이 패턴은 뜨는
데 시간이 꽤 걸리지만, 그만큼 완성된 가방이 근사하고 튼튼해
서 사람들의 시선을 한 몸에 받을 것이다. 내가 가장 좋아하는
코바늘 뜨개 재료인 피시 넷 트와인은 수십 년 동안 다양한 종
류의 핸드메이드 작업에 사용된 실이다. 위빙에서 날실에 사용
하는 재료로 알려진 이 실은 코바늘 뜨개에도 잘 맞으며, 오랫
동안 멋진 베드스프레드(침대덮개)를 만드는 데 이용되어 왔다.
이 가방의 줄무늬는 가장자리가 톱니처럼 삐죽삐죽 튀어나온
것이 특징이고, 다른 대각선 패턴에 사용된 기법과는 약간 다
른 방법으로 뜬다.

TIP!
비치백으로 쓸 큰 가방을 뜨고 싶다면, 조금 더 굵은 실로 뜨
는 편이 좋다.

1 이 가방에서는 줄무늬의 가장자리가 톱니처럼 삐죽삐죽한데, 실을 바꿀 때 짧은뜨기 전체를 한 가지 색으로 뜨기 때문이다. 반면 다른 줄무늬 패턴에서는 실이 코 가운데에서 바뀌게 된다.

2 화이트 색상 실로 사슬뜨기 180코, 짧은뜨기로 양 끝을 연결하여 원통형으로 만든다. 화이트 실로 짧은뜨기 9코. 이때 블랙 색상 실은 편물의 뒤에 걸치면서 함께 뜬다. 실을 바꾼다.

3 줄무늬 폭은 10코다. 쉬는 실은 편물의 뒤에 걸치면서 함께 떠 실이 늘어지지 않도록 한다. 총 80단을 뜬 뒤에 실을 자르고, 끝이 보이지 않도록 정리해 넣는다.

4 편물의 아래쪽에서 줄무늬가 연결되도록 돌려서 맞춘 다음, 작은 바늘땀으로 꿰매어 구멍을 막는다.

5 꿰맨 솔기가 가운데에 오도록 가방을 펼쳐 놓는다. 이렇게 하면 가방 밑면의 양 끝에 삼각형이 생긴다. 이 삼각형의 밑변이 10cm 길이가 되는 위치에 수평선을 표시해둔다.

6 표시해둔 수평선을 따라 박음질로 꿰맨다.

7 이제 가방 밑면이 완성되었다. 이렇게 양쪽 모서리를 꿰매면, 가방 안쪽 공간이 넉넉해진다.

8 안감 원단을 가방 치수에 맞추어 마름질한다. 이때 가방 위쪽으로 4cm 여유분을 두고, 시접 분량으로 1cm를 더해준다. 가방 모양에 맞게 안감을 꿰맨다.

9 편물 가방과 마찬가지로 안감 밑면도 양쪽 모서리에서 삼각형의 밑변에 해당하는 10cm 수평선을 표시한다. 이 선을 따라 박음질을 하고 남은 원단은 잘라 정리한다.

10 편물 가방에 안감을 넣는다.

11 안감의 여유분을 접어내려 가방의 겉면 위로 맞추고, 손바느질이나 재봉틀을 이용하여 안감을 꿰맨다.

12 사진에 보이는 가방은 재봉틀로 박음질한 것이다.

13 가방에 끈을 달 위치를 표시한다. 끈에는 각각 구멍을 두
    개씩 뚫어 준비한다.

14 질긴 실로 끈을 가방에 꿰매어 달아준다.

15 가방 안쪽 상단 가운데 지점에 똑딱단추를 달아준다.

16 이제 가방이 완성되었다.

삼각 무늬 이브닝 백

사 이 즈   폭: 25cm, 높이: 25cm
코 바 늘   2.5mm (모사용 4호)
중 량   200g
실   에시토 코튼 얀 (대체실: 코튼3)
기 타   지퍼 (25cm), 안감용 원단, 가방끈, 똑딱단추

세련된 삼각 무늬는 각 단마다 규칙적으로 실 색을 바꾸는 기법
을 이용해 만든다. 삼각 무늬 이브닝 백은 언제 들어도 유행에
뒤떨어지지 않는다. 이 가방을 뜨려면 시간이 제법 많이 걸리지
만, 일단 요령을 터득하면 큰 어려움 없이 순조롭게 작업을 진
행할 수 있다.
삼각 무늬는 다양한 프로젝트에 응용할 수 있다. 75쪽에서 소개
한 대형 바구니도 같은 기법으로 굵은 실을 사용해 떴지만, 여기
서는 가는 실을 사용하기 때문에 결과물은 퍽 다른 느낌을 준다.
다양한 색상의 실을 써서 패턴에 변화를 주어도 좋다.
가방 입구에는 지퍼를 달고 안감을 넣었으며, 낡은 벨트를 이용
하여 끈을 달아주었다.

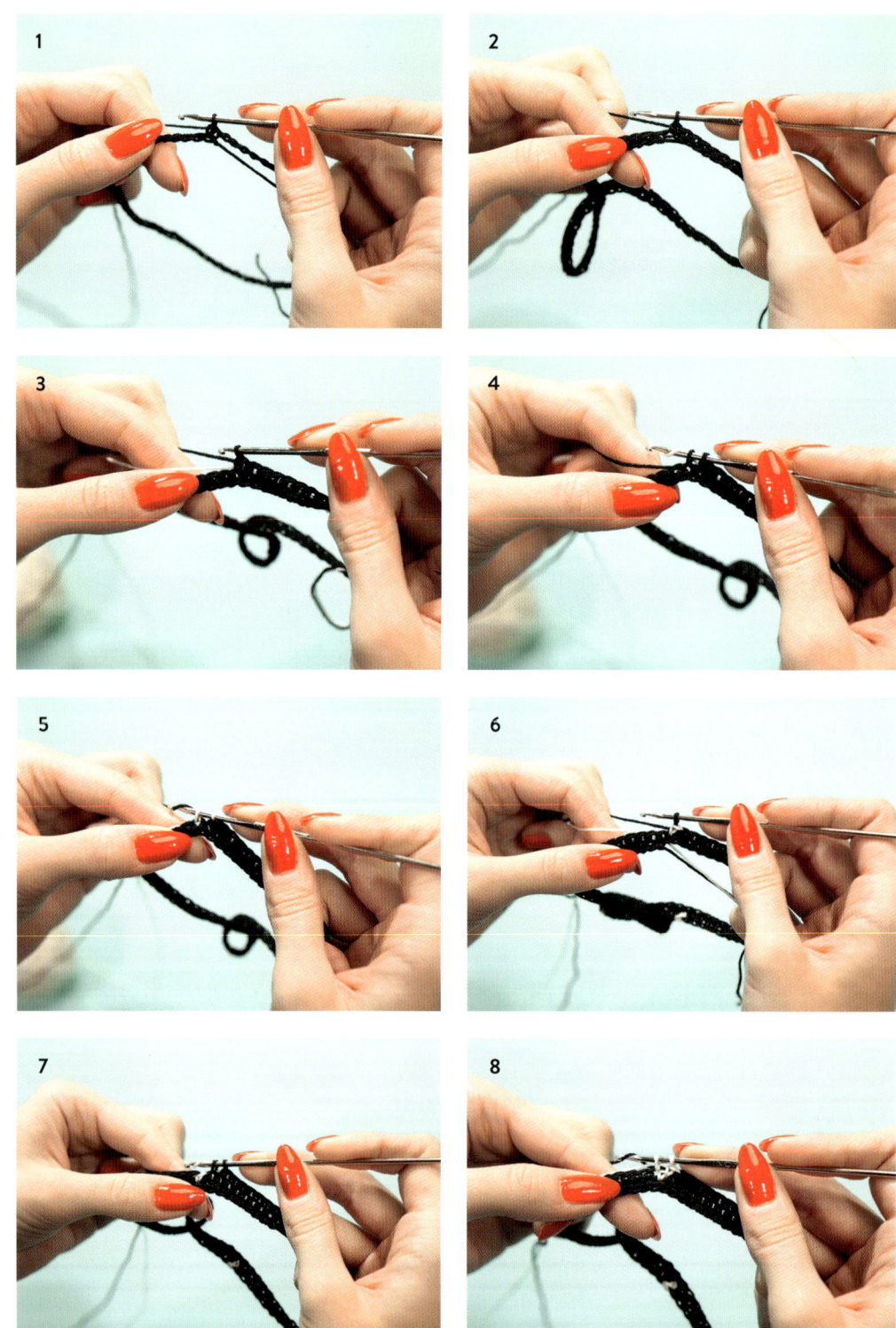

1 블랙 색상 실로 사슬뜨기 159코, 짧은뜨기로 양 끝을 연결하여 원통형을 만든다.
주의: 과정 설명 사진의 가방은 패턴에 제시된 크기보다 작다. 패턴에 맞는 크기의 가방을 뜨려면 설명을 따라서 만들도록 한다.

2 블랙 실로 짧은뜨기 1단.

3 블랙 실로 짧은뜨기 8코. 이때 화이트 색상 실은 편물의 뒤에 걸치면서 함께 뜬다.

4 실 바꾸기: 바늘을 코에 넣어 블랙 실을 감고, 실을 빼낸 뒤에 화이트 실을 감아 두 고리에서 한꺼번에 화이트 실을 빼낸다. 이렇게 하면 바늘에는 화이트 고리 1개가 남는다.

5 다음 코도 같은 방법으로 뜬다: 바늘을 코에 넣어 화이트 실을 감고, 실을 빼낸 뒤에 블랙 실을 감아 두 고리에서 한꺼번에 블랙 실을 빼낸다.

6 이제 실을 바꾸었고 바늘에는 블랙 코 1개가 걸려있게 된다. 짧은뜨기를 계속하면서 열 번째 코마다 화이트 실로 뜬다. 이때 쉬는 실은 언제나 편물의 뒤에 걸쳐 함께 뜬다.

7 **3단.** 블랙 실로 짧은뜨기 7코. 여덟 번째 코에서 화이트 실로 바꾼다.

8 화이트 실로 짧은뜨기 1코, 두 번째 코에서 블랙 실로 바꾼다.

9 사진은 3단이 완성된 모습이다.

10 **4단.** 블랙으로 짧은뜨기 6코, 일곱 번째 코에서 실을 바꾼다.

11 **5단.** 패턴을 따라 계속 뜬다. 단이 더해질수록 화이트 삼각형이 커지게 된다.

12 사진은 6단이 완성된 모습이다.

13 이 사진은 9단을 떠서 연속되는 무늬가 한 번 완전히 만들어진 모습이다.

14 **10단.** 13번 사진의 상태에서 짧은뜨기 8코를 블랙 실로 이어간다. 아홉 번째 코에서 화이트 실로 바꾼다.

15 무늬가 반복될 때마다 색이 바뀐다.

16 패턴을 따라 계속한다.

17 사진은 무늬가 3번 반복된 모습이다. 완성된 가방은 무늬가 총 9번 반복되어 들어간다.

18 화이트 실로 짧은뜨기를 1단 하고, 빼뜨기를 1단 하면서 가장자리를 마무리한다.

19 실을 자르고 끝이 보이지 않도록 정리해 넣는다.

20 이브닝 백에 필요한 재료: 지퍼(25cm), 안감용 원단(편물보다 3cm 긴 크기), 가방끈(여기서는 가는 은색 벨트를 이용), 똑딱단추와 질긴 재봉사.

20

21

22

23

24

25

26

27

28

21 무늬를 잘 맞추어 편물 아래쪽 가장자리를 꿰맨다. 그런 다음, 가방 입구에 지퍼를 단다.

22 작은 바늘땀으로 안감을 지퍼 가장자리에 꿰맨다.

23 지퍼를 열 때 잡고 당길 수 있도록 끈은 옆쪽에 단다.

24 가방을 거의 반으로 접어 끈을 달 위치를 표시한다.

25 질긴 재봉사로 끈을 가방에 단다.

26 가방 입구의 가운데 지점에 똑딱단추를 달 자리를 표시한다.

27 가방을 접어 똑딱단추를 맞추어 잠글 자리를 표시한다. 표시한 지점에 각각 똑딱단추를 달아준다.

28 이제 이브닝 백이 완성되었다.

지그재그 원통형 가방

사 이 즈   높이: 22cm, 지름: 14cm
코 바 늘   2.5mm (모사용 4호)
중 량   200g
실   리나 피시 넷 트와인, 18겹 (대체실: 코튼3)
기 타   안감용 원단, 가방끈, 가방 바닥에 넣을 판지

훌륭한 액세서리로 쓰기에 손색이 없는 지그재그 원통형 가방
을 만들어보자. 생생한 무늬가 돋보이는 이 가방은 피시 넷 트
와인으로 떠서 튼튼하게 오래 쓸 수 있다. 이탈리아 디자인 회
사인 미소니(Missoni)는 1950년대 이래로 다채로운 색감의
지그재그 무늬 니트를 꾸준히 선보이고 있다. 지그재그 무늬는
유행에 뒤처지는 법이 없기 때문이다. 미소니처럼 다양한 색실
로 지그재그 무늬를 떠보거나, 무늬의 폭을 다르게 해서 변화
를 시도해보자.
가방에는 안감을 덧대었고, 두꺼운 판지를 바닥에 넣어 더욱 견
고하게 만들었으며, 윗부분에 면 소재의 끈을 달아주었다.

1 블랙 색상 실로 사슬뜨기 108코, 양 끝늘 짧은뜨기로 연결해 원통형으로 만든다.

2 블랙 실로 짧은뜨기 1단.

3 화이트 색상 실을 가져와 편물의 뒤에 걸치면서, 블랙 실로 짧은뜨기 7코.

4 실 바꾸기: 바늘을 코에 넣어 블랙 실을 감아 빼내고, 화이트 실을 감아 두 고리에서 한꺼번에 빼낸다. 이렇게 하면 바늘에는 화이트 고리 한 개만 남는다.

5 다음 코도 같은 방법으로 뜬다: 바늘을 코에 넣어 화이트 실을 감아 빼내고, 블랙 실을 감는다.

6 두 고리에서 한꺼번에 블랙 실을 빼낸다. 이제 바늘에는 블랙 코 한 개만 남는다.

7 짧은뜨기를 계속하면서 아홉 번째 코마다 화이트 실로 뜨고, 쉬는 실은 언제나 편물의 뒤에 걸쳐 함께 뜬다.

8 **3단.** 블랙 실로 짧은뜨기 7코, 여덟 번째 코마다 화이트 실로 바꾼다.

9 화이트 실로 짧은뜨기 1코, 두 번째 코에서 블랙 실로 바꾼다.

10 **4단.** 블랙 실로 짧은뜨기 6코, 일곱 번째 코마다 실을 바꾼다. 화이트 실로 짧은뜨기 2코, 세 번째 코에서 블랙 실로 바꾼다.

11 패턴에 따라 계속한다. 화이트 무늬는 단이 더해질수록 점점 커진다.

12 지그재그 패턴은 17단으로 이루어진다. 사진은 절반을 뜬 모습이다.

19

13 **11단.** 화이트 실로 짧은뜨기 1단.

14 **12단.** 화이트 실로 짧은뜨기 3코, 네 번째 코에서 블랙 실로 바꾼다.

15 다섯 번째 코에서 화이트 실로 바꾼다.

16 블랙 지그재그는 화이트 부분의 가운데 지점에서 시작한다.

17 패턴에 따라 계속한다. 블랙 무늬는 단이 더할수록 점점 커진다.

18 지그재그 무늬를 총 4회 반복한다. 마지막 여섯 단은 화이트 실로 짧은뜨기 한다. 실을 잘라 끝이 보이지 않도록 정리해 넣는다.

19 지그재그 가방에 필요한 재료: 안감용 원단, 가방끈, 질긴 재봉사, 가방 바닥에 넣을 판지. 안감은 직사각형 2장 (48×30cm)과 원형 2장(지름 17cm)으로 마름질한다.

N O T E !
뜨는 사람에 따라 가방의 크기가 달라질 수 있다. 안감은 완성된 편물의 크기에 맞추어 재단한다. 편물 크기에 시접 분량 1cm 더하는 것을 잊지 말자.

20

21

22

23

24

25

26

20 직사각형 안감 2장의 옆선을 각각 꿰매어 2개의 원통형으로 만든다. 이때 1장은 옆선에 18cm 길이로 창구멍을 남겨두어 뒤집을 수 있게 한다. 각 원통형 안감에 바닥용 원형 안감을 꿰매어 연결한다.

21 위쪽 가장자리를 맞추어 원통형 안감 2장을 꿰맨다. 이때 양 옆에 끈을 끼울 수 있도록 4cm 길이로 창구멍을 남겨둔다.

22 끈을 넣을 구멍을 만들기 위해 위에서 2cm 내려온 위치에 박음질을 한 줄 한다.

23 창구멍을 통해 2장의 안감 사이에 판지를 집어넣은 다음, 창구멍을 꿰매어 막는다. 편물을 붙일 위치를 안감의 위쪽에 표시해둔다.

24 편물 안쪽으로 안감을 넣고 편물의 바닥면 가장자리를 작은 바늘땀으로 꿰맨다.

25 질긴 재봉사를 이용해 편물을 안감의 표시한 지점에 단다.

26 끈을 구멍에 끼운다.

27 이제 가방이 완성되었다.

지그재그 연필 케이스

사 이 즈	높이: 18cm, 지름: 4cm
코 바 늘	2.0mm (모사용 2호)
중 량	70g
실	리나 피시 넷 트와인, 12겹 (대체실: 기자)
기 타	똑딱단추

작은 지그재그 케이스는 연필이나 코바늘을 넣어두기에 딱 알
맞은 크기고, 뚜렷한 무늬가 있어서 핸드백 속에서도 쉽게 찾
을 수가 있다.
지그재그 케이스는 176쪽에서 소개한 지그재그 가방과 동일한
기법으로 만들지만, 바닥에 원형 편물이 들어간다는 점이 다르
다. 케이스 입구는 똑딱단추로 여닫을 수 있게 만들었다.

1. 블랙 색상 실로 사슬뜨기 40코, 짧은뜨기로 양 끝을 연결하여 원통형으로 만든다. 짧은뜨기 1단.

2. 화이트 색상 실을 가져와 편물의 뒤에 걸쳐 뜨면서, 블랙 실로 짧은뜨기 3코. 네 번째 코에서 화이트 실로 바꾸고, 다섯 번째 코에서 다시 블랙 실로 돌아간다. 실을 바꾸는 방법은 32쪽 설명을 참고하자.

3. 다섯 번째 코마다 화이트 실로 뜨고, 쉬는 실은 언제나 편물 뒤에 걸쳐 뜨면서 늘어지는 실이 없도록 한다.

4. 패턴을 따라 4단을 뜬다. 화이트 무늬는 단이 더해질수록 점점 커진다.

5. 화이트 실로 짧은뜨기 1단.

6. **7단.** 화이트 실로 짧은뜨기 1코, 두 번째 코에서 블랙 실로 바꾼다. 세 번째 코에서 화이트 실로 바꾼다.

7. 블랙 지그재그 무늬는 각 화이트 무늬의 가운데 지점에서 시작된다.

8. 패턴에 따라 계속한다. 블랙 무늬는 단이 더해질수록 점점 커진다.

9. 지그재그 무늬는 9단으로 이루어진다. 사진은 무늬의 절반을 뜬 상태다.

10. 지그재그 무늬를 총 9회 반복하여 뜬다. 마지막 짧은뜨기 두 단은 블랙 실로 뜨고 마지막 단은 빼뜨기로 가장자리를 마무리한다. 실을 잘라 끝이 보이지 않도록 정리해 넣는다.

케이스 바닥면

바닥면은 블랙 실로 뜬다. 실 끝을 50cm 남기고 사슬뜨기 2코로 시작한다.

11 첫 번째 사슬코에 짧은뜨기 8코. 남겨둔 실 가닥은 편물 뒤에 계속 걸쳐 떠서 바닥면을 힘 있게 만든다.
    2단. 한 코씩 번갈아서 짧은뜨기 2코씩. 총 15코.
    3단. 한 코씩 번갈아서 짧은뜨기 2코씩, 그 사이에 있는 코마다 짧은뜨기 1코씩. 총 24코.

4단. 세 번째 코마다 짧은뜨기 2코씩, 그 사이에 있는 두 코마다 짧은뜨기 1코씩. 총 32코.
5단. 네 번째 코마다 짧은뜨기 2코씩, 그 사이에 있는 세 코마다 짧은뜨기 1코씩. 총 40코.
처음에 남겨둔 실 가닥의 끝을 자르고, 뜨고 있던 실은 마무리를 위해 남겨둔다.

13

14

12 원형 바닥면을 원통형 편물 아래쪽에 맞추어 꿰맨
   다. 실을 잘라 끝이 보이지 않도록 정리해 넣는다.

13 똑딱단추를 단다.

14 이제 원통형 케이스가 완성되었다.

액세서리

팔찌

낡은 팔찌에 손뜨개 옷을 입혀보자. 사진에 보이는 팔찌
는 짧은뜨기를 이용해 커버를 만들어 씌운 것이다.
팔찌 커버를 뜰 때는 여러 가지 자수용 실이나 자투리 실
을 활용할 수 있다. 굵은 팔찌에는 131쪽의 코드 커버
패턴을 사용하면 좋다.

체인 액세서리

민트 체인

사 이 즈	50cm
코 바 늘	1.75mm (레이스용 0호)
실	디엠씨 〈페트라〉 코튼 펄 5 (대체실: 피마룩스 35수)
뜨 는 방 법	각 체인은 사슬뜨기 32코, 짧은뜨기 6단. 총 18개
	체인을 뜨는 방법은 137쪽을 참고한다.

누드 체인

사 이 즈	125cm
코 바 늘	1.75mm (레이스용 0호)
실	디엠씨 〈페트라〉 코튼 펄 5 (대체실: 피마룩스 35수)
뜨 는 방 법	각 체인은 사슬뜨기 26코, 짧은뜨기 5단. 총 58개

블랙 체인

사 이 즈	20cm
코 바 늘	1.5mm (레이스용 2호)
실	디엠씨 〈페트라〉 코튼 펄 5 (대체실: 피마룩스 35수, 리즈베스 10수, 20수)
뜨 는 방 법	각 체인은 사슬뜨기 26코, 짧은뜨기 6단. 총 12개

코랄 체인

사 이 즈	4cm
코 바 늘	1.25mm (레이스용 4호)
실	자수실 (대체실: 리즈베스 20수, 10수)
뜨 는 방 법	각 체인은 사슬뜨기 20코, 짧은뜨기 6단. 총 3개

필요한 재료

장신구용 플라이어
장신구용 잠금쇠
크롬 점프 링(소형) 2개

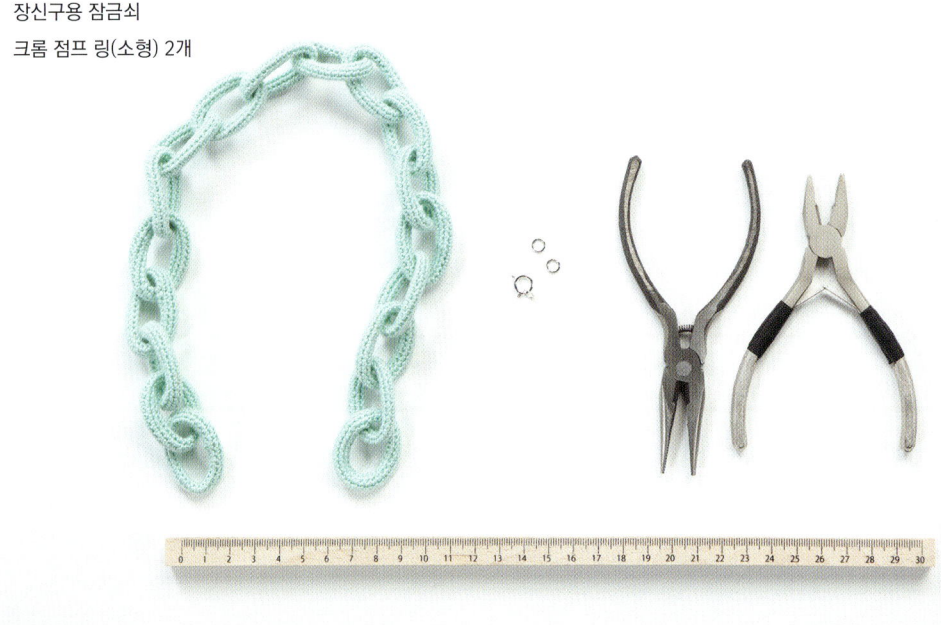

1

2

3

4

민트 체인과 누드 체인

1　플라이어를 이용해 점프 링을 구부려 조금 열어준다(당겨서 벌리지 말고 비틀어야 한다).

2　링을 편물 체인에 끼운다.

3　크롬 링에 장신구용 잠금쇠를 끼운다. 플라이어로 링을 닫는다. 같은 방법으로 나머지 링도 체인의 다른 쪽 끝에 달아준다.

4　이제 목걸이가 완성되었다.

5　긴 누드 체인은 코바늘로 떠서 끝을 연결하거나 민트 체인과 같은 방법으로 링과 잠금쇠를 부착하여 연결할 수 있다. 코바늘로 떠서 연결할 때는 마지막 체인의 사슬뜨기 코를 첫 번째 체인에 끼운 다음 141쪽의 설명을 참고하여 뜨면 된다.

5

필요한 재료

장신구용 플라이어
금속 체인 14cm 2개
장신구용 잠금쇠
크롬 점프 링(소형) 4개

1

2

3

블랙 체인

1   플라이어를 이용하여 점프 링을 비틀어 연다. 링을 편물
    체인에 끼운다. 금속 체인 끝을 링에 걸고 플라이어로 링
    을 닫는다. 남은 체인도 같은 방법으로 연결한다.

2   점프 링을 한쪽 체인에 끼우고, 장신구용 잠금쇠를 링에
    끼운다. 플라이어로 링을 닫는다. 같은 방법으로 남은 체
    인에도 링을 연결한다.

3   이제 체인 목걸이가 완성되었다.

필요한 재료

크롬 귀걸이 부속

바느질용 작은 바늘과 실

가위

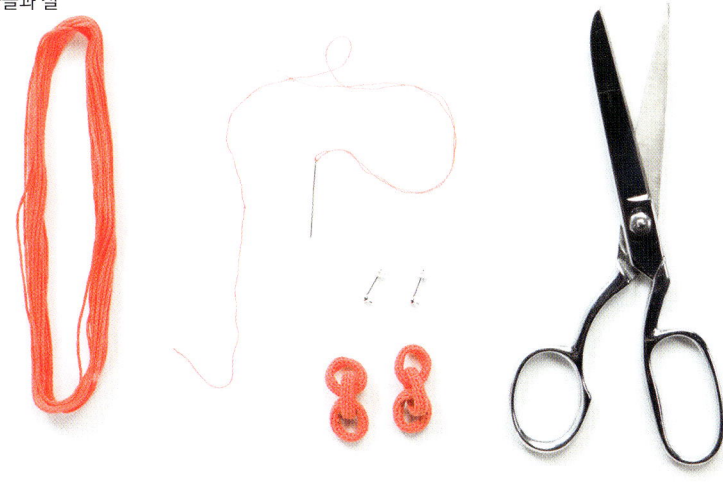

1

2

코랄 귀걸이 체인

1 코랄 체인을 귀걸이에 꿰맨다. 실을 묶고 남은 실은 가까
운 편물 링크 안으로 넣어 숨긴다. 다양한 귀걸이 부속
품을 사용할 수 있다. 사진은 단추형 귀걸이 부속이다.

2 이제 체인 귀걸이가 완성되었다.

후프 목걸이

사 이 즈   지름: 목걸이 기본틀 15cm
코 바 늘   2.5mm (모사용 4호)
실   에시토 코튼 얀 (대체실: 코튼3)
기 타   목걸이 기본틀, 자석 잠금쇠

기본틀 위에 짧은뜨기와 사슬뜨기로 커버를 씌워 만드는 목걸
이로, 여름철에 어울리는 가벼운 느낌이 잘 살아 있다. 목걸이
에는 자석 잠금쇠를 달아 완성한다. 같은 패턴으로 팔찌를 만들
어도 좋고, 204쪽의 후프 귀걸이까지 세트로 만들 수도 있다.

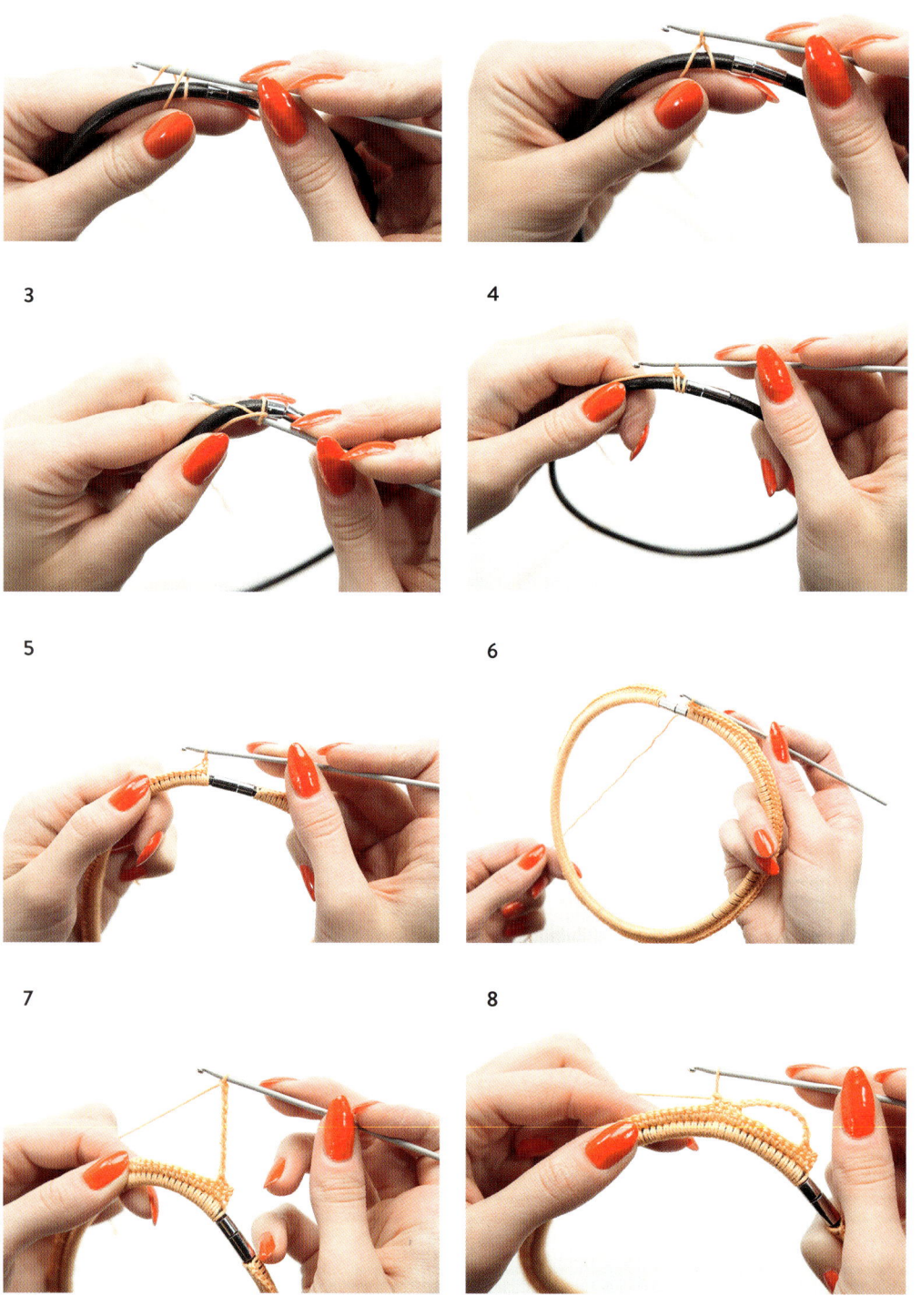

9

10

11

1 실 끝을 꽉 쥔 채로 목걸이 틀 아래에서 바늘에 실을 감은 다음, 다시 목걸이 틀 위에서 실을 감는다.

2 바늘에 걸린 고리에서 실을 빼낸다.

3 목걸이 틀 아래에서 바늘에 실을 감는다.

4 위에서 바늘에 실을 감아 바늘에 걸린 코에서 실을 빼낸다. 이렇게 하면 첫 번째 짧은뜨기가 완성된다.

5 계속해서 짧은뜨기 168코. 사슬뜨기 1코로 뒤집기.
주의: 실의 굵기와 목걸이 틀의 크기가 다를 수 있으므로 콧수는 선택한 재료에 맞게 조절하여 계산한다. 여기서는 11코마다 패턴이 반복되며, 마지막에 짧은뜨기 3코를 더해준다.

6 각 코마다 짧은뜨기 1코씩.

7 사슬뜨기 1코를 하여 편물을 뒤집은 다음, 짧은뜨기 2코를 하고, 사슬뜨기 12코로 둥글리는 모양을 만든다.

8 8코를 거르고, 짧은뜨기 3코.

9 단의 끝까지 패턴을 반복하고 단의 끝에서 짧은뜨기 3코.

10 사슬뜨기 1코를 하여 편물을 뒤집은 다음, 짧은뜨기 1코를 하고, 둥글리는 사슬뜨기 줄 부분에 짧은뜨기 14코. 둥글리는 부분 아래에서 실을 바늘에 감는다.

11 사슬뜨기 줄 사이의 가운데 코에 짧은뜨기 1코.

12

13

14

12 단의 끝까지 패턴을 반복하고 단의 끝에서 짧은뜨기 2코.

13 사슬뜨기 3코를 하여 편물을 뒤집는다. 사슬뜨기 줄의
첫 코는 거르고, 모든 사슬뜨기 줄 코에 짧은뜨기 1코,
마지막 코도 거른다. 다음 사슬뜨기 줄의 첫 코를 거르고
계속해서 짧은뜨기. 단의 끝까지 패턴 반복.

14 실을 잘라 끝 보이지 않도록 정리해 넣는다. 마지막으로
잠금쇠를 달아준다.

후프 귀걸이

사 이 즈	지름: 귀걸이 기본틀 4cm
코 바 늘	1.25mm (레이스용 4호)
실	디엠씨 〈바빌로〉 20번 (DMC 〈Babylo〉 No.20)
	(대체실: 리즈베스 20수)
기 타	후프 귀걸이 기본틀

198쪽의 후프 목걸이 패턴을 응용하면 하룻저녁 만에 예쁜 후프 귀걸이를 뜰 수 있다. 사진 속 귀걸이는 독일로 여행을 가는 중에 만든 것이다. 준비할 시간은 촉박한데 초록빛 여름 의상에 어울리는 귀걸이가 필요하던 참에, 두 시간 만에 완성하여 요긴하게 사용할 수 있었다.

1 후프 목걸이를 뜨는 방법대로 짧은뜨기로 귀걸이 기본틀
을 감싼다. 짧은뜨기 총 72코.

2 사슬뜨기 1코를 하여 편물을 돌리고 각 코마다 짧은뜨
기 1코씩.

3 사슬뜨기 1코를 하여 편물을 돌린다. 세 번째 코에 한
길긴뜨기 6코.

4 두 코를 거르고, 세 번째 코에 짧은뜨기 1코. 두 코를 거
르고, 세 번째 코에 한길긴뜨기 6코.

5 단의 끝까지 반복한다.

6 마지막 코에 짧은뜨기 1코. 실을 잘라 끝이 보이지 않도
록 정리해 넣는다. 이제 귀걸이가 완성되었다. 남은 귀
걸이 한쪽은 거울상처럼 반대되는 패턴으로 떠서 착용
했을 때 귀걸이 양쪽 모두 겉면이 밖으로 보이도록 한다.

리본 액세서리

코 바 늘 1.25mm (레이스용 4호)
실 디엠씨 〈페트라〉 코튼 펄 5 (대체실: 리즈베스 20수)
기 타 반지 기본틀, 클립형 귀걸이 틀

1980년대에는 리본으로 옷차림에 포인트를 주는 것이 유행이
었다. 내가 태어나서 처음으로 신었던 하이힐에는 클립이 붙어
있어 떼었다 붙였다 할 수 있는 커다란 리본 장식이 있었다. 이
리본 액세서리는 커다란 액세서리가 유행했던 그 시절의 향수
를 불러일으킨다. 액세서리라고 해서 꼭 작고 앙증맞을 필요는
없지 않을까? 눈에 띄게 커다랗고 화려한 색감이 더 근사해 보
일 때도 있다.

1

2

3

4

5

6

7

리본 반지

이 작품은 두 부분으로 구성된다. 첫 번째 부분은 사슬뜨기 64코로 시작하고, 양 끝을 짧은뜨기로 연결하여 원통형으로 만든다. 짧은뜨기로 22단을 뜨고, 실을 잘라 끝이 보이지 않게 정리해 넣는다.

두 번째 부분은 사슬뜨기 24코로 시작하여, 양 끝을 짧은뜨기로 연결하여 원통형으로 만든다. 짧은뜨기 9단을 하고, 실을 자른 뒤에 끝이 보이지 않게 정리해 넣는다.

1 큰 편물을 반으로 접은 뒤에 가운데 지점을 표시한다.

2 바느질용 바늘로 사진처럼 주름을 잡는다. 바늘땀을 몇 번 떠서 주름이 고정되도록 꿰맨다. 실을 자른 다음, 편물 안으로 실 끝을 숨긴다.

3 사진은 주름을 잡은 큰 편물과 원통형의 작은 편물이다.

4 작은 편물 안으로 큰 편물을 끼워 넣는다.

5 뒤쪽에서 두 편물을 꿰매어 고정한다.

6 리본을 반지 받침틀에 꿰맨다.

7 장신구용 플라이어를 이용해 받침틀을 반지에 연결한다.

8 반지 기본틀은 종류가 다양하다. 사진에 보이는 기본틀은 두 부분으로 구성되어 있다.

8

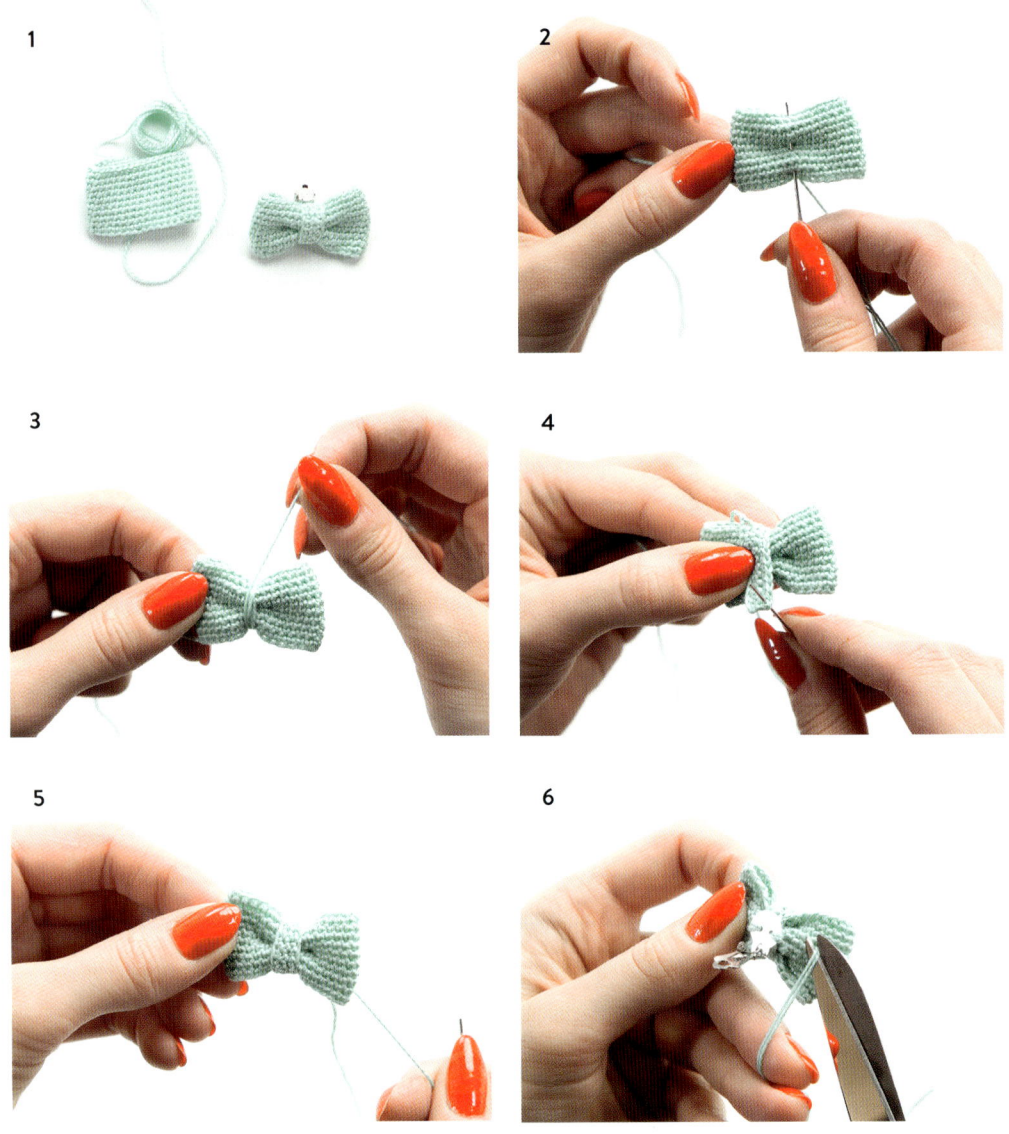

리본 귀걸이

1 귀걸이에는 큰 편물과 작은 편물이 각각 2개씩 필요하다. 큰 편물은 사슬뜨기 40코를 한 다음 양 끝을 짧은뜨기로 연결하여 원통형으로 만든다. 그리고 짧은뜨기 10단을 뜬 다음, 실을 잘라 끝이 보이지 않게 정리해 넣는다. 작은 편물은 사슬뜨기 12코를 한 다음, 편물을 돌려 1코를 거른 뒤에 각 코마다 짧은뜨기 1코씩을 한다. 이렇게 총 3단을 뜬다. 작은 편물은 앞뒤로 왔다 갔다 하며 뜨면 된다.

2 큰 편물의 가운데에 바늘땀 몇 개로 주름을 잡아 꿰맨다.

3 큰 편물의 주름에 실을 여러 번 감는다. 실 끝이 보이지 않도록 정리해 넣는다.

4 작은 편물을 큰 편물의 가운데에 달아준다.

5 뒤쪽에 몇 바늘을 꿰매서 편물을 함께 고정한다.

6 귀걸이 기본틀에 리본을 붙인다. 실을 잘라 끝이 보이지 않도록 정리해 넣는다.

모눈뜨기

모눈뜨기의 기초

모눈뜨기는 사슬뜨기와 한길긴뜨기를 조합하여 뜬 똑같은 크기의 사각
형 칸 여러 개를 하나씩 쌓아가며 만든다. 사각형 일부는 한길긴뜨기로
채워지고 다른 사각형은 비운 채 둔다. 이렇게 두 종류의 모눈을 조합
하고 변화를 주면서 전체적인 이미지를 만들어나간다. 아주 쉬운 기법
이지만 다양한 무늬, 글자, 이미지 등을 표현할 수 있어 쓰임새가 많다.
이 기법은 픽셀 크로셰(Pixel Crochet)나 필레 크로셰(Filet Crochet)
라고 부르기도 한다.

모눈뜨기 도안 만들기

모눈종이에 직접 도안을 그리거나 컴퓨터를 이용해 디자인할 수 있다. 도안을 디자인하려면 먼저 견본을 떠서 작품의 높이와 폭을 알아보아야 한다. 사용할 실을 가지고 가로와 세로가 각각 20칸 정도 되는 견본을 떠보자. 기본적인 모눈뜨기에 필요한 견본을 뜨는 방법은 222쪽에 나와 있다.

모눈뜨기 사각형은 완벽한 정사각형은 아니다. 세로 높이보다는 가로 폭이 약간 더 길다. 종이에 도안을 직접 디자인했다면,

종이에 그린 도안보다 완성작의 세로 길이가 짧아진다는 사실을 명심하라. 아래 사진에서 종이에 그린 디자인과 완성작의 모습을 비교해 볼 수 있다. 사진으로 알 수 있듯 그림과 편물은 높이에서 차이가 난다. 오른쪽 페이지에 있는 그림은 컴퓨터로 디자인한 도안이다. 여기서는 완성된 편물에 좀 더 가깝게 도안을 만들기 위해 모눈의 가로 폭을 더 넓게 조절했다.

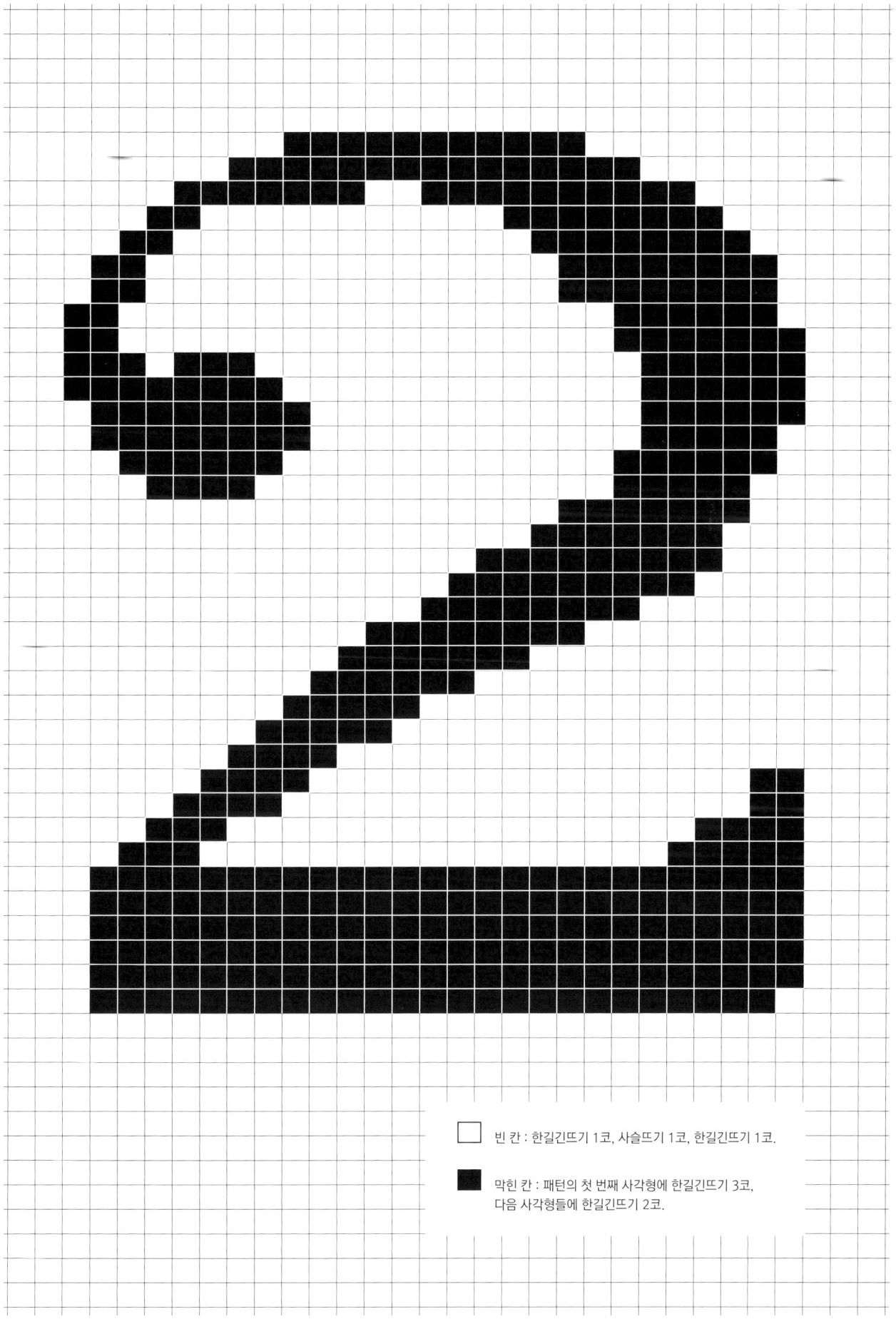

빈 칸 : 한길긴뜨기 1코, 사슬뜨기 1코, 한길긴뜨기 1코.

막힌 칸 : 패턴의 첫 번째 사각형에 한길긴뜨기 3코,
다음 사각형들에 한길긴뜨기 2코.

종이에 모눈뜨기 도안 디자인하기
폴카 도트 무늬 가방 도안의 모습(228쪽).

모눈뜨기 기법

1 약 10×10cm 크기의 견본을 뜬다. 사슬뜨기 33코로 시작한다.

2 첫 번째 빈칸은 한길긴뜨기로 시작한다. 바늘에 실을 감고, 바늘에서 여섯 번째 코에 실을 넣어 빼낸다. 다시 바늘에 실을 감고 바늘에 있는 두 고리에서 빼낸다. 다시 바늘에 실을 감고 바늘에 있는 두 코에서 빼낸다.

3 사슬뜨기 1코, 한 코를 거르고 한길긴뜨기 1코. 단의 나머지 부분에서도 반복한다.

4 사슬뜨기 3코로 편물을 돌리고, 바로 앞 단의 기둥 부분에 한길긴뜨기 1코.

5 계속해서 한길긴뜨기 1코, 사슬뜨기 1코, 한길긴뜨기 1코를 단의 나머지 부분에서 반복한다. 마지막 기둥 부분에서 사슬뜨기 3코.

6 단에 필요한 사각형 수만큼 뜬다.

7 막힌 칸: 앞단의 기둥 부분에 한길긴뜨기 1코, 사슬에 한길긴뜨기 1코, 기둥에 한길긴뜨기 1코, 계속 반복.

8 단에 필요한 사각형 수만큼 뜬다. 사진에는 한 단에 막힌 칸 4개가 들어있다.

9 다음 단에서 막힌 칸이 양쪽으로 한 개씩 더 늘어난다.

10 사진에는 세 번째 막힌 칸 단까지 뜬 모습이다.

11 막힌 칸이 줄어들 때는 사슬뜨기 1코, 한 코를 거르고 한길 긴뜨기 1코로 계속 뜬다.

12 막힌 칸 부분이 끝나면, 단에 필요한 수만큼 빈칸을 뜬다. 견본을 다 떴으면 살살 당겨서 모양을 다듬는다.

모눈뜨기 가방

폴카 도트 가방

사 이 즈	폭: 45cm, 높이: 38cm
코 바 늘	1.75mm (레이스용 0호)
중 량	290g
실	리나 피시 넷 트와인, 12겹 (대체실: 피마룩스 35수)
기 타	가방끈, 질긴 재봉사

가볍고 산뜻한 여름용 가방이다. 피시 넷 트와인으로 만들어서
튼튼하고 세탁기에 빨 수도 있다. 처음 물세탁을 한 뒤에는 줄어
들지만, 이로 인해 패턴이 더욱 조밀해지면서 내구성이 높아진
다. 가방끈은 견고한 가죽이나 원단으로 달아준다.

TIP!
내부에 탄탄한 면 소재의 안감을 덧대고 입구에 지퍼를 달면 겨
울에도 쓰기 좋은 가방을 만들 수 있다.

폴카 도트 가방 만드는 법

사슬뜨기 130코를 하고 빈칸 64개씩이 있는 2단을 뜬다.
3단. 빈칸 17개를 뜬 다음, 막힌 칸 6개. 빈칸 18개를 뜬
다음, 막힌 칸 6개. 빈칸 17개를 더 뜨고, 사슬뜨기 3코를
한 뒤에 편물을 돌린다.
다음 단은 빈칸 16개, 막힌 칸 8개, 빈칸 16개, 막힌 칸 8
개를 뜨고 빈칸 16개로 끝낸다. 사슬뜨기 3코를 한 뒤에
편물을 돌린다.
사진처럼 단을 계속 떠 나간다.
앞판과 뒤판에 각각 50단씩, 도트 무늬가 각각 네 줄 들
어가도록 뜬다. 막힌 칸이 있는 마지막 단을 뜬 다음, 가
방 입구 부분에 빈칸만 있는 세 단을 뜬다. 마지막으로 실
을 잘라 끝을 정리해 넣는다. 같은 방법으로 똑같은 편물
을 한 장 더 뜬다.

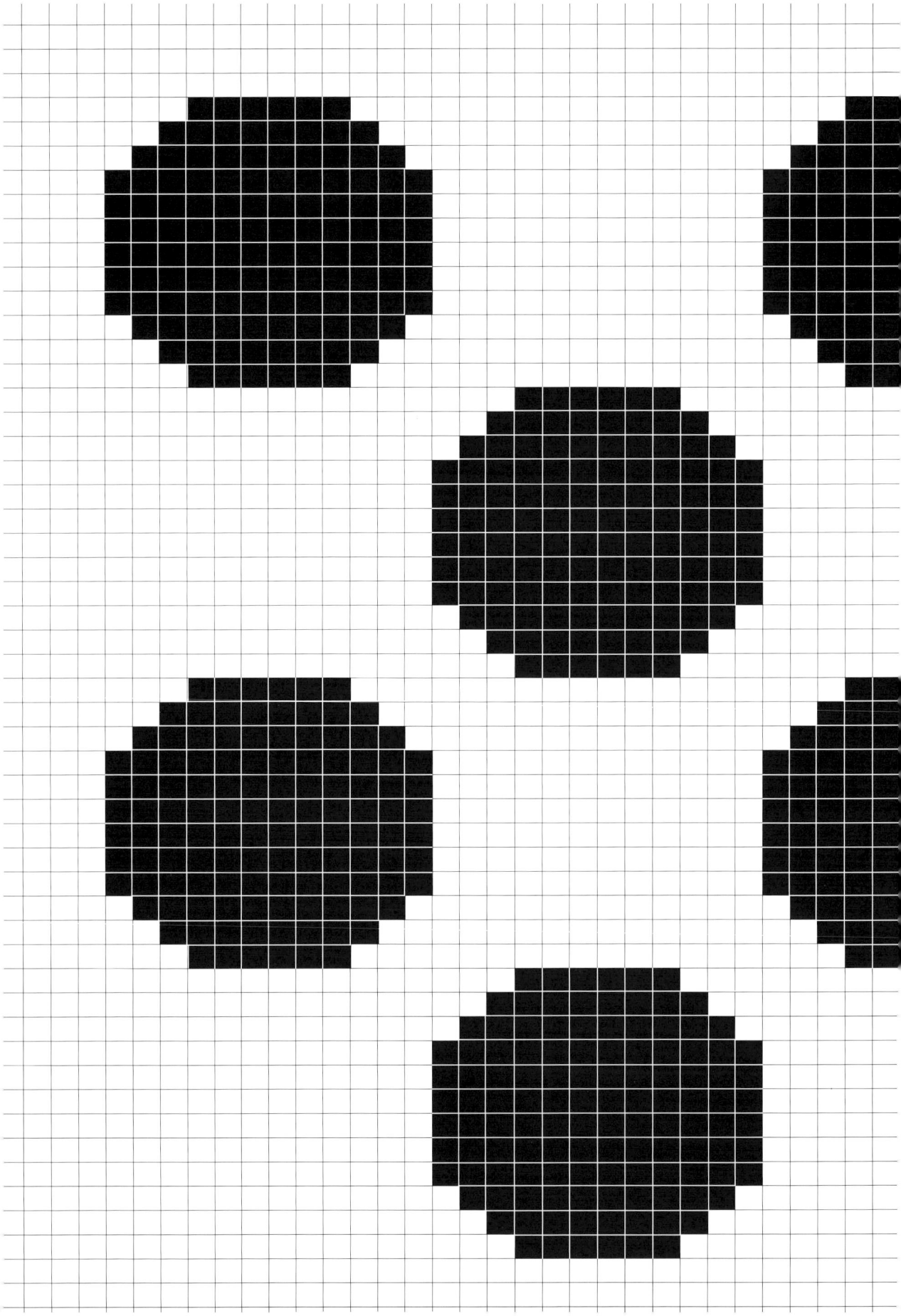

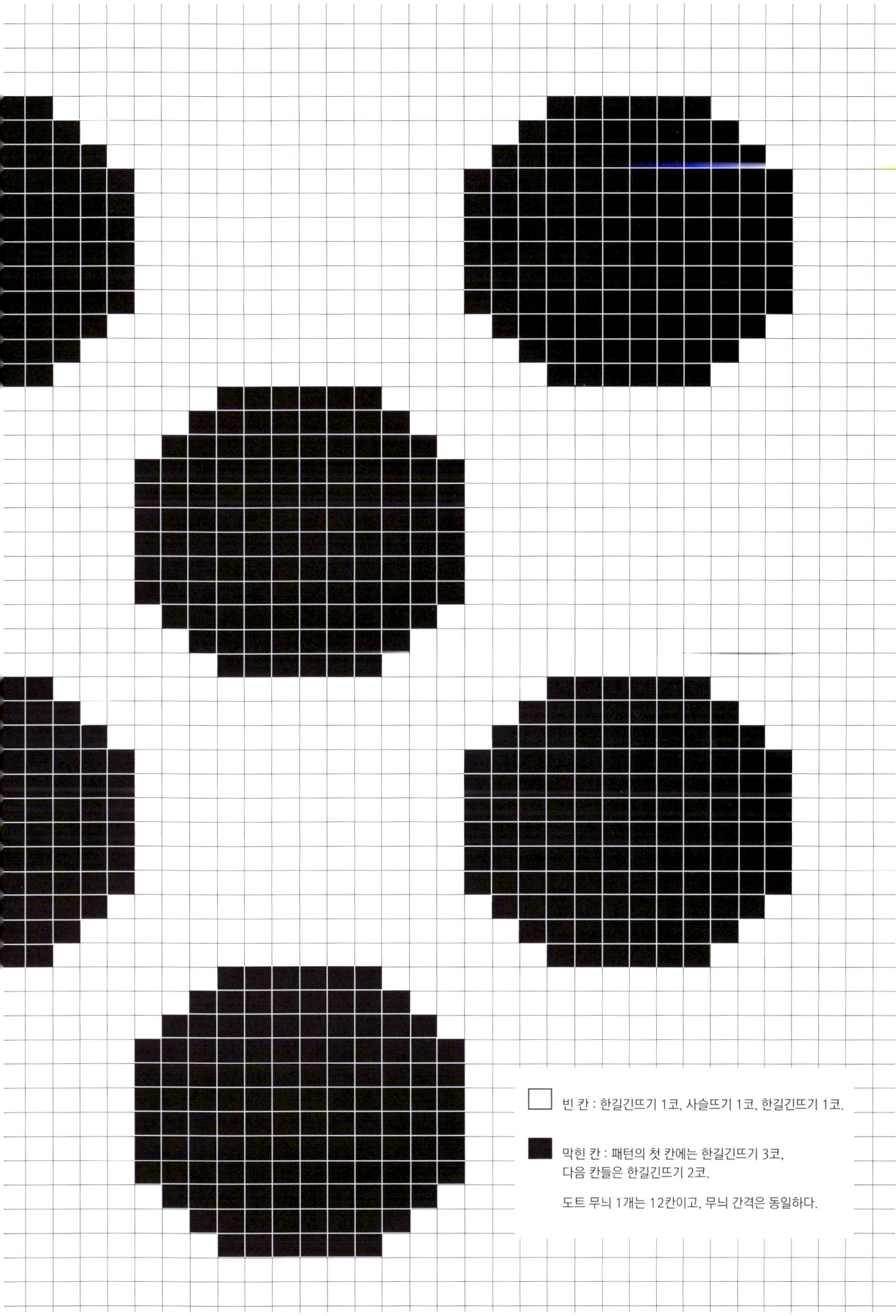

빈 칸 : 한길긴뜨기 1코, 사슬뜨기 1코, 한길긴뜨기 1코.

막힌 칸 : 패턴의 첫 칸에는 한길긴뜨기 3코,
다음 칸들은 한길긴뜨기 2코.

도트 무늬 1개는 12칸이고, 무늬 간격은 동일하다.

9

앞판과 뒤판 잇기

1 앞판과 뒤판의 첫 칸에 함께 바늘을 넣고 아래쪽에서 실을 감는다.

2 각 칸마다 짧은뜨기 2코씩.

3 짧은뜨기를 계속한다.

4 가방 아래쪽 가장자리는 각 칸마다 짧은뜨기 5코씩.

5 실 끝이 보이지 않도록 앞쪽에서 코 안으로 넣어 뜨면서, 가방 앞판과 뒤판을 세 가장자리에서 연결한다.

6 가방 위쪽 가장자리를 마무리한다. 아래쪽 칸을 통해 실을 바늘에 감아 짧은뜨기를 하면서 가장자리를 보강해준다.

7 각 칸마다 짧은뜨기 2코씩.

8 위쪽 가장자리에는 짧은뜨기로 총 여섯 단을 만들고, 그중 세 번째 단에 끈을 달 수 있는 구멍을 낸다. 구멍을 만드는 방법은 240쪽을 참고한다. 이때 구멍의 길이는 준비한 가방끈의 폭에 맞춘다. 이제 빼뜨기를 하면서 가방 입구를 마무리하고, 실을 잘라 끝이 보이지 않도록 정리해 넣는다. 마지막으로 241쪽을 참고하여 가방끈을 달아준다.

9 이제 가방이 완성되었다.

그물 가방 S

사 이 즈	폭: 38cm, 높이: 47cm
코 바 늘	2.0mm (모사용 2호)
중 량	150g
실	리나 피시 넷 트와인, 12겹
	(대체실: 기자, 코튼3, 동방18합)
기 타	가방끈, 면 소재 끈 30cm, 질긴 재봉사

피시 넷 트와인으로 만든 그물 가방은 가벼우면서도 튼튼하다.
쓸모가 많고 부피도 크지 않아 자리를 많이 차지하지 않는다. 게
다가 남성들도 거리낌 없이 들 수 있는 가방이다.
그물 가방은 원통형으로 떠 나가고 바닥면은 면 소재 끈을 꿰어
마무리한다. 입구에 견고한 끈을 달아주면 아주 무거운 물건을
넣어도 끄떡없는 가방이 된다. 사진은 폭이 좁은 벨트를 가방끈
으로 이용한 모습이다. 벨트 대신 탄탄한 면 원단으로 만든 끈
을 달아도 좋다.

1 사슬뜨기 120코를 뜬다. 빼뜨기로 양 끝을 연결하여 원통형으로 만든다.

2 사슬뜨기 7코, 바늘에 실을 두 번 감는다.

3 한 코를 거르고, 바늘을 두 번째 코에 넣고 실을 감는다.

4 코에서 실을 빼내고 다시 실을 감는다. 두 고리에서 실을 빼내고 다시 실을 감는다.

5 두 고리에서 실을 빼내고 다시 한 번 실을 감는다.

6 바늘에 걸린 두 고리에서 실을 빼낸다. 이렇게 하면 두길 긴뜨기로 뜬 첫 번째 칸이 완성된다.

7 기둥 사이에 사슬뜨기 3코를 하며 단을 뜬다. 첫 번째 단에서는 항상 한 코를 거르고 두길 긴뜨기를 한다.

8 단의 첫 번째 사슬코에 빼뜨기를 하면서 단을 마친다. 이 단에는 60칸이 들어가게 된다.

9 사슬뜨기 7코로 다음 단을 시작한다. 앞 단의 각 기둥마다 두길 긴뜨기 1코씩을 뜨고, 그 사이에는 사슬뜨기 3코를 한다. 빼뜨기로 단을 마친다.

10 총 34단을 뜬다. 사진은 다섯 단을 뜬 모습이다.

11 실을 끊지 않고 가방 위쪽 가장자리 부분에 짧은뜨기 다섯 단을 뜬다. 사슬코 아래에서 바늘에 실을 감아 시작한다.

12 각 칸마다 짧은뜨기 3코씩.

13 계속 원통형을 따라 다음 단을 떠 나간다.

14 짧은뜨기 두 단을 뜬다. 세 번째 단에서 끈을 달 구멍을
네 군데 만들어준다. 구멍을 내기 위해 사슬뜨기 5코.

15 네 코를 거르고, 사슬뜨기한 코를 다섯 번째 코에 빼뜨
기 한다. 단을 계속 뜨면서 나머지 구멍도 만들어준다.

16 다음 단을 계속 뜨다가 가방끈 구멍 위치에서 짧은뜨기
5코. 이때 실은 사슬코 아래쪽에서 바늘에 감는다. 위쪽
가장자리는 짧은뜨기가 총 다섯 단이 된다.

17 빼뜨기로 가장자리를 마무리한다. 실을 잘라 끝이 보이
지 않도록 정리해 넣는다.

18 가방 밑면을 처리할 차례다.

19 빈칸 첫 번째 줄의 기둥 사이에 튼튼한 면 소재 끈을 꿴다.

20 꿰어 넣은 끈을 꽉 당겨서 매듭을 묶는다.

21 가방끈에 구멍을 낼 위치를 표시한다.

22 표시한 위치에 구멍을 뚫는다.

23 질긴 실로 끈을 가방에 단다.

24 이제 가방이 완성되었다.

그물 가방 M

사 이 즈	폭: 45cm, 높이: 52cm
코 바 늘	2.0mm (모사용 2호)
중 량	200g
실	리나 피시 넷 트와인, 12겹
	(대체실: 기자, 코튼3, 동방18합)
기 타	가방끈, 면 소재 끈 30cm, 질긴 재봉사

사슬뜨기 160코를 하고 빼뜨기로 양 끝을 연결하여 원통형으로 만든다. 236쪽의 소형 그물 가방을 만들었던 방법대로 빈칸 80개, 36단을 뜬다. 가방 입구 부분은 짧은뜨기 6단을 더해 더욱 견고하게 만들어준다. 그리고 빼뜨기로 가장자리를 마무리한다. 실을 잘라 끝이 보이지 않도록 정리하여 넣는다.

사진에 보이는 가방은 좌우 양 끝에서 각각 13cm 떨어진 위치에 구멍을 만들어 끈을 달았다. 가방끈은 소형 그물 가방을 만들 때와 같은 방법으로 달면 된다. 가방 아래쪽은 첫 번째 줄에 있는 빈칸들 사이로 면 소재 끈을 꿴 다음 꽉 잡아당겨서 매듭을 지어 마무리한다.

마무리
기법

라벨

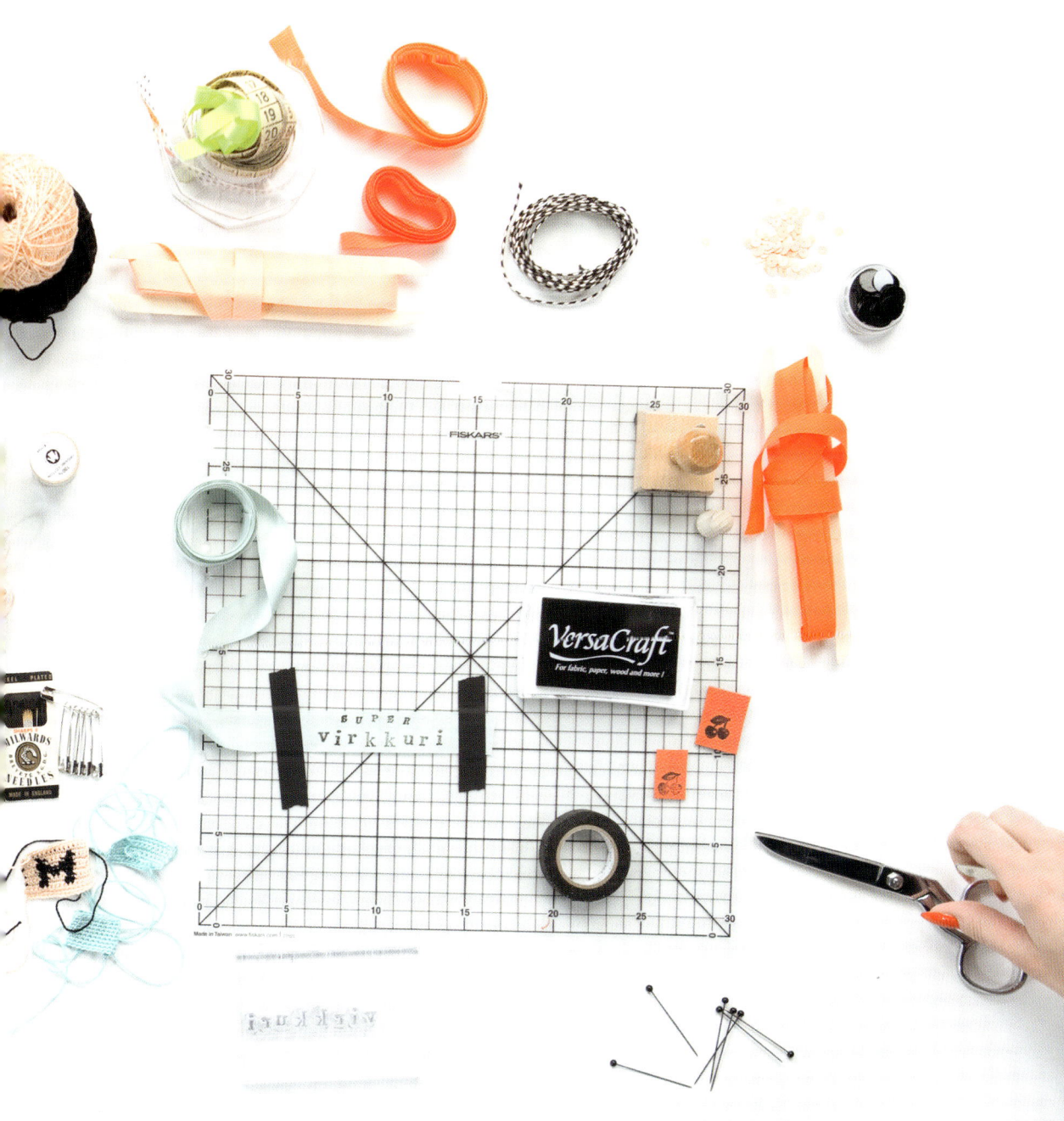

작품에 라벨을 달면 완성도가 한층 높아지고, 기성품 같은 느낌을 줄 수 있다. 많은 사람이 핸드메이드 작품 특유의 세련되지 못한 분위기 때문에 사용을 꺼리는데, 라벨을 달아주면 이런 문제를 쉽게 해결할 수 있다. 그리고 고유한 로고가 찍힌 라벨을 사용하면 신뢰감을 줄 수 있고, 상품성도 높아진다.

라벨은 작품의 스타일에 맞추어 인쇄하거나, 스탬프로 찍을 수도 있고, 바느질을 해서 만들 수도 있다. 라벨에 찍을 로고 모양을 공작용 EVA 폼에서 잘라 내거나 나무판에 조각해 직접 만들어도 좋고, 기성품 스탬프나 클리어 스탬프를 구입해 사용해도 좋다. 스탬프를 직접 만들 때는 찍히는 방향을 고려하여 모양을 반대로 새기도록 유의한다. 혹은 가는 실을 이용해 로고 모양이 들어간 라벨을 코바늘뜨기로 만들어 달아도 깜찍한 포인트가 된다.

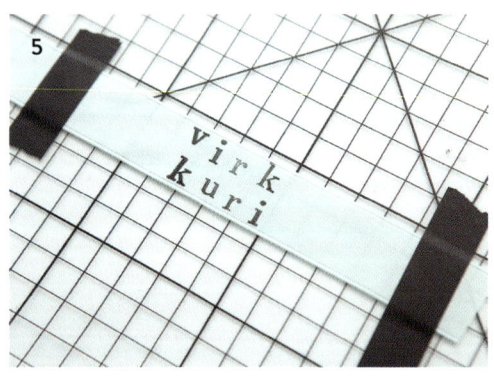

1 사진에 보이는 리본은 폴리에스테르 소재이지만 염색 잉크를 밀착시키기 위해 다림질로 열을 가해도 이상이 없다. 먼저 리본을 시접 분량을 포함하여 적당한 길이로 자른 다음, 평평한 바닥에 리본을 고정한다.

2 아크릴 블록에 접착제가 묻어있는 클리어 스탬프를 붙여서 원하는 로고 이미지를 만든다.

3 아크릴 블록을 잉크 패드에 대고 살며시 눌러 잉크를 묻힌다. 여기서는 버사크래프트(Versacraft)에서 나온 패브릭 잉크 패드를 사용했다.

4 아크릴 블록을 리본에 조심스럽게 올려놓고 누른다.

5 이제 라벨 한 장이 완성되었다.

6 클리어 스탬프는 쉽게 떼어서 위치를 조정할 수 있다.

7

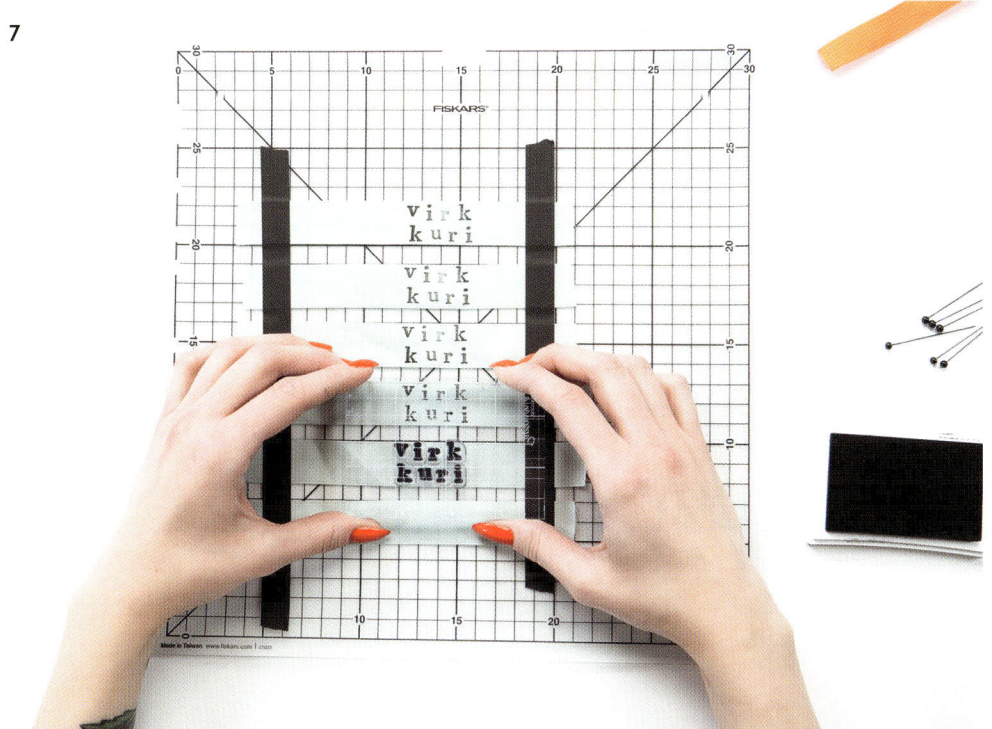

7 라벨을 여러 장 찍는다. 잉크가 완전히 마른 뒤에 작업 대에서 라벨을 떼어내, 보호용 종이나 천을 덮고 다림 질을 한다.

8

8 다양한 소재를 이용해 라벨을 만들 수 있다. 사진은 펠트 라벨을 만드는 모습이다. 여러 가지 라벨을 만들어보고 작품에 가장 잘 어울리는 소재를 찾아보자.

상상력을 마음껏 발휘해 색다른 소재에 도전
해보자. 낡은 줄자나 비즈 장식 등으로 나만
의 독특한 라벨을 만들어 보면 어떨까?

1 리본을 묶거나 종이접기 하듯 모양을 내서 라벨을 만들 수 있다.

2 스탬프를 이용하는 방법도 있다.

3 눈에 잘 띄도록 밝고 선명한 색을 이용하는 것도 좋다.

4 라벨을 작품에 꿰매면서 색실로 대담한 스티치를 수놓아 보자. 여기서는 구릿빛 자수실을 사용했다.

5 가느다란 실로 코바늘뜨기를 하면 앙증맞은 라벨이 된다.

작품에 달린 다양한 라벨들

건강한 손뜨개

건강하게 뜨개질하기

핸드메이드 작품을 만들 때는 무엇보다 건강을 해치지 않도록 조심해야 한다. 같은 자세로 오랜 시간 앉아있다 보면, 팔다리가 뻣뻣해지고 혈액순환도 원활하지 못하다는 느낌이 든다. 자리에서 일어나 스트레칭을 할 때가 되면 대개 몸이 먼저 반응을 하기 마련이다. 그러나 뜨개질은 몰입도가 굉장히 높기 때문에 너무 심취한 나머지 다른 일은 모두 잊어버릴 수가 있다.

건강을 위해 뜨개질을 하는 동안 조금씩 움직이는 습관을 길러보자. 실타래를 겨드랑이에 끼고 걸어 다니거나, 가부좌 자세로 허리를 곧게 펴고 앉아서 심호흡을 하고, 앉아있는 상태로 엉덩이 근육 운동을 하는 방법 등으로 어렵지 않게 실천할 수 있다. 특히 뜨개질을 오래 하다 보면 어깨와 팔에 무리가 갈 수 있다. 어깨가 경직되면 목에 통증이 생기고, 두통까지 유발된다. 이런 일이 생기지 않도록 스스로 몸을 잘 관리하고, 뜨개질을 할 때는 잊지 말고 틈틈이 운동을 하자.

운동과 손 관리 방법

- 손목을 돌리고 손가락을 쭉 펴서 스트레칭을 한다.
- 어깨를 올렸다가 내리고 목 근육을 풀어준다.
- 몸을 앞으로 숙이고 팔을 위로 뻗어 어깨를 뒤로 당긴다.
  실을 다루다 보면 손이 건조해지기 쉽다. 손에 로션이나 오일을 꼭 바르자.
- 손뜨개에서 손톱은 종종 유용한 도구가 되니, 손톱을 잘 다듬어 관리하자.

도움을 주신 분들

알토대학교
크리스토퍼 레카와 카이사 레카
요한네스 롬파넨
루미마르야 빌레니우스
마르코 멜란데르
막스 팍토르
민나 새랠래, 팔로니
피우스카 카네르바
파이비 코바넨
라이야 요키넨
사샤 후버
더 소잉 소사이어티
투이야 타르키아이넨
챠우 체우시
베사 담스키
내 어머니와 할머니

모던 시크 코바늘 손뜨개

초판 1쇄 발행 ㅣ 2016년 5월 27일
초판 5쇄 발행 ㅣ 2021년 1월 20일
지은이 ㅣ 몰라 밀스
옮긴이 ㅣ 서나연
감　수 ㅣ 박진선
펴낸곳 ㅣ 윌스타일
펴낸이 ㅣ 김화수
등록번호 ㅣ 제2019-000052호
전　화 ㅣ 02-725-9597
팩　스 ㅣ 02-725-0312
이메일 ㅣ willcompanybook@naver.com
I S B N ㅣ 979-11-85676-29-6　13590

이 도서의 국립중앙도서관 출판예정도서목록(CIP)은 서지정보유통지원시스템 홈페이지
(http://seoji.nl.go.kr)와 국가자료공동목록시스템(http://www.nl.go.kr/kolisnet)에
서 이용하실 수 있습니다.(CIP제어번호: CIP2016011537)